Seiltanz der Worte

Brunecker Schreibwerkstatt

Seiltanz der Worte

Mit freundlicher Unterstützung

Stadtgemeinde **Bruneck**
Città di **Brunico**

Bibliografische Information der Deutschen Nationalbibliothek:
Die Deutsche Nationalbibliothek verzeichnet diese Publikation in der
Deutschen Nationalbibliografie;
detaillierte bibliografische Daten sind im Internet über
http://dnb.d-nb.de abrufbar.

© 2016
Herstellung und Verlag: BoD - Books on Demand, Norderstedt
ISBN: 978-3-7386-0402-3

Liebe Leser,

der Entstehungsprozess eines Buches ist immer ein spannender, vor allem wenn es für einen jungen Verein das erste Mal ist. Welches Konzept legt man zugrunde? – Wie umfangreich soll es werden? – Gibt es Reihenfolgen, gar eine Systematik oder gewährt man den Schreibern freie Hand? – Zahlreiche Fragen, die den Verantwortlichen und den Autoren durch den Kopf gingen und mit Akribie an die Arbeit gehen ließen.

Die Sorge um das richtige Wort, den richtigen Satz, der den Lesern zugänglich gemacht werden soll, brachte bereits Brigitte Comploj, die Referentin der Schreibwerkstatt, zum Ausdruck, als sie meinte, dass das Schreiben eine Aufgabe sei, »die man nur mit Zurückhaltung, Ehrfurcht und Respekt vor dem Wort, vor der Sprache übernehmen kann.«

So gesehen ein Lernprozess für Autoren, die es werden wollen oder aber schon sind; denn das Sehen lernen als Voraussetzung für das literarische Schreiben erfordert die notwendige Zeit, den Einsatz und die Begeisterung, sich mit dem Wandel der Welt und der eigenen Person auseinanderzusetzen.

Umso mehr freut sich der kulturverein bruneck über die literarische Kostbarkeit, die auch Ausdruck des Dankes ist denen gegenüber, die sich als Teilnehmer auf dieses Abenteuer eingelassen haben.

In diesem Sinne wünsche ich allen Lesern Momente des Entspannens und des Nachdenkens, des Schmunzelns und des Genießens.

Für den kulturverein bruneck
Armin Plankensteiner
Präsident

Inhalt

Brigitte Comploj
Vergeblicher Versuch   9
Gedanken zu Chagalls Bild »sopra la Citta« (»über der Stadt«)   11
Die vier Jahreszeiten   13

Anna Bacher Graf
Das Wort   17
Der Baum – das Fenster zum Tal   19
Manchmal   21
Diese goldgelbe Weite   22
Unsere Erde weint   23
Frieden   24
Liebe   25
Beschützen   26
Veränderung   27
Innehalten   28
Das Leben – ein Mosaikbild   29
Freude   30
Der Seiltänzer   31
Schenk mir Zeit   32
Vorgemacht- nachgemacht   33
Üble Nachrede   34
Gewalt   35

Paul Thurner
Die Tochter des Teufels   37
Eine glaubhafte Geschichte!   40
Zwischen Leben und Tod   42
Die Katze!   45

Der Lottogewinn! 48

Greta Brunner
Dankbarkeit 51
Die zweite Chance 70

Renate Gärtner
Vorwort 91
Strafe----Schönheit 92

Clara Berger
Gedanken einer Katze 93
Rio 94
Dieser Tag in meinem Leben 97
Der Baum 98
Anfang vom Ende 101
Der Schulweg 102

Kristina Kaivo
Abschied 104
Alles kein Problem 107
Die Katze 109
Die Schachtel 110
Liebe 111
Nach dem Regen 112
Ruhe 114
Sonnenlicht 115
Sorgen 116
Über den Vater 117
Eingezwängt 118
Warum ich schreibe? 120
Danke! 121

Vergeblicher Versuch

Immer zusammen, niemals allein und ein Leben lang keine Gelegenheit versäumt, sich eines an das andere zu gewöhnen. Gemeinsames Leben zwischen Schondecken, Stickerei, Rosenholzmöbeln, Nippes und bonbonfarbenen Stoffblumen. Die Räume immer gemeinsam bewohnt, im stets gleichen Ambiente, tagsüber, des Nachts. Keine Schlupfwinkel mehr für irgendein noch so kleines Gefühlchen, für einen noch so kleinen Traumfetzen im eigenen Ich. Anfangs den Vorsatz gefasst, die Ewigkeit mit ihrer beider Leben zu unterbrechen, die gemeinsame Zeit nicht zu fliehen, damit etwas entstehen kann unter dem Himmel. Die Tage noch angefüllt voll »DU«, Farben der Hoffnung, das Nachfühlen gemeinsam gegangener Wege und ab und an die blaue Stunde, sich den Luxus gemeinsamen Schweigens geleistet und dankbar erlebt« le petit bonheur«- das kleine Glück.

Aber dann allmählich anheim gefallen dem Taschenspielertrick der Alltäglichkeiten: Versäumnisse, Missverständnisse, Verhärtungen, Resignationen, Enttäuschungen, Stumpfheit, Rücksichtslosigkeit- und schließlich Schweigen, jeder für sich sein eigenes einsames Schweigen. Angeschwiegen gegen die Antwortlosigkeit des anderen.

Ein Leben nur noch in Ritualen und Routine. Ebenso die nach außen zelebrierte Höflichkeit: das Feuergeben für ihre Zigarette, rücksichtsvoll- herzlos. Dieser Pas de deux- dieser Tanz zu zweit um das goldene Kalb der gesellschaftlichen Konventionen, um das »So-tun-als-ob« trotz allem!

Einst Gespräche zu zweit, jetzt verronnen am Ohr des Nächsten. Das Dasein des einen beginnt das Dasein des anderen zu beschweren. Indessen breitet sich in beiden die Empfindung einer grenzenlosen Trauer über die Abwesenheit von

Leben aus. Denn ihrer beider Leben reduziert sich nur auf den Entwurf eines Lebens, in dem das DU fehlt und von Tag zu Tag verspürt man leichte Verluste.

Sie spielen das Unrecht des Lebens sich aus, während sein anfängliches Lächeln- oh, wie hatte sie dieses Lächeln an ihm einst geliebt- immer mehr zu einem lautlosen Weinen erstarrt.

Die Abstände vergrößern sich und so dunkeln die Jahre.

Jedoch, sie brauchten nichts als die Sprache wieder zu finden, brauchten doch nur nach den Zeiten der Dürre die Botschaft des DU wie dringende Briefe zu erwarten und brauchten doch nur nichts anderes zu tun, als in ihren inneren Wüsten ein paar Oasen der Versöhnung freizulegen.

Brigitte Comploj

Gedanken zu Chagalls Bild »sopra la Citta« (»über der Stadt«)

Komm, oh komm, lass uns von den Flügeln unserer Liebe tragen, hinauf weit hinauf, immer weiter hinauf, über die Stadt, bis sie den goldenen Saum des Himmels berühren, während sich unter uns die Häuser der Stadt in die Erde ducken und mit ihnen die Menschen. Sie erfrieren in der Kälte ihrer Haut, sie kennen nicht mehr die unschuldige Leichtigkeit der Kindheitstage, sie kennen nicht die anderen Tage, die violetten, die rotflammenden Nächte, die grünen hoffnungsvollen Ankünfte, den zarten Klang der Silberglöckchen- Herzschwingungen- die blauen Stunden. Sie sehen die Sonnensäulen nicht, an denen die Liebenden lehnen in stiller Erwartung achten des Sternenlichtes nicht, dessen Strahlen in manchen Nächten das Gefängnis ihrer Einsamkeiten durchbrechen; in dem sie liegen in weißen, kaltem Schlaf, mit müden und grauen Gesichtern, auf denen der Aschestaub der Hoffnungslosigkeit und erstorbener Liebe lagert. Komm, oh komm, mein Vogel federleicht! Wir fliegen, Herz an Herz über die 7 Brücken der liebenden Zeit, unter uns das Leben, ein mächtiger Strom. Wir sagen DU in einer helleren Sprache.

Wir Königskinder, getragen von den sanften Winden unserer Hoffnung, umweht von den Düften der Magnolienblüten, der Rosen, der Azaleen. Dein Mund, mein Mund: ein weiches Federnest, nichts soll es zerstören. ! Wir werden mit unserer Liebe den Himmel, die Erde und die Herzen der Menschen bewohnbar machen, jetzt und für alle Zeiten. Wir werden sie bewohnbar machen mit geträumten Meeren und Nachtigallieder. Unser Herzschlag wird die Sterne zum Klingen bringen, so, dass die Erde innehält in ihrem Kreisen und die Menschen lauschen werden auf diesen Klang, und ihre

Kleingewordenen Tage werden sich strecken und weiten nach ihm, diesem Klang, und ihre verhärteten Herzen werden sich öffnen, wie die Blüten am Morgen, werden sich öffnen dem Sternenglanz. Sie werden das Rauschen unserer Engelsflügel über ihren traurigen Tagen spüren, Tagen wie verirrte Vögel.

So werden sie heimfinden aus den Wüsten ihres Lebens bis ans Ende der Dürre in die fruchtbaren Gärten des Paradieses.

Komm, oh komm! Wir breiten unsere hellen Liebesflügel aus über die Stadt unter uns, und die Luft zittert vor Wärme und Glück. Wir sind stark, mutig, unüberwindlich, gütig und sanft!

Du bist schön, mein Engel, dein Kleid ist ein Sternenkleid und deine Augen sind Silbermonde.

Leicht und warm liegst du in meinen Arm, du Vogel Federleicht; du streckst deinen Arm aus, als wolltest du Schmetterlingstage und Blütenträume fangen, dein silbriges Lachen steigt in den Himmel. Wir fliegen und fliegen, höher, immer höher, in die Unendlichkeit der Liebe, in die Ewigkeit der Hoffnung, in die Sonnen des Trostes in die Stärke des Glaubens.

Komm, oh komm, meine Schöne!

Brigitte Comploj

Die vier Jahreszeiten

Frühling

Hörst du die Flöte singen zart über allen Dingen? Vergangen
die dunklen Tage, verweht auch
die bange Frage: Wo ist der Sinn?
Frühling lockt dich und flüstert: Du, siehe dem Tanz der Falter zu, suche die Stunde, die etwas
verbirgt, flimmerleicht und golddurchwirkt, öffne das Tor zu den Gärten des Lichts.
Hörst du die Flöte singen, Melodien, die klingen weit übers Land?
Farben so viel, Frühling, ein Spiel, gib mir die Hand!

Brigitte Comploj

Sommer

Nun vorbei die Tage, da das winterkalte Herz zaghaft pochte
unterm Schnee und die frühen
dunklen Nächte Schlaf und Traum beschwerten. Doch vorbei
nun Frost und langes Weh.

Sommer kommt, er strahlt in alle Fenster, schickt den Wind
durch hohe Wälder, enge Himmel
werden wieder groß und weit, Hitzeflammen flimmern über
fruchtbeladene Felder, und die
Weiden grünen wieder über den Hügeln verschütteter Zeit.

Uns ist nun zu reden von leichteren Dingen in diesen durchsommerten Tagen.
Blumenäugig das Land, wir schlummern bei Nelken und Mohn. Zaubersprüche löschen Zweifel und Fragen und in die durchbrochene Stille klingt der Windharfe Ton.

Brigitte Comploj

Anna Bacher Graf: Landschaft

Herbst!

Einlass fordernd steht der Herbst schon vor dem Tor. Nebel lagert wie ein sanfter Flor
über graues, grillenstilles Land. Wer hat uns die jungen Tage gestohlen? War es der
Eichelhäher, das Wiesel, die Natter oder die Haselmaus?
Ein Huschen, ein Trappeln, ein Vogelruf, ein Rascheln, ein Ein und ein Aus.
Lasst uns die letzten Trauben holen aus dem rostschattenden Laub.
Berberitzen und Hagebutten senden ihr letztes Rot, aber in den Kelchen der Herbstzeitlosen
lauert der giftige Tod.
Die Blätter rascheln leiser, immer leiser, sie streift nur noch ein Hauch von Wind. Du siehst,
wie fahler, brüchiger und leergelebt sie sind. Sie welken ins Vergehen ein, ergeben sich klaglos den Kältelanzen des nahenden Winters und haben kein Sein. Wir puppen uns ein die kälter werdenden Nächte und Tage.
Doch eines Morgens werfen wir von uns ab des Winters Klage. Entziffern von Neuem die Zeichen der Zeit, sprengen die Mauern der Einsamkeit.
Trauer—verweht Weh--- das vergeht!

Brigitte Comploj

Winter!

Über Schneeweiten streift raubeiniger Wind, treibt vor sich her Schatten verschollener Zeit
und mit ihnen verlorene Worte, die ruhelos ihren Weg suchen und über die Felder geh`n.
Der Winter schaut uns an mit kristallinen Augen, lehnt lauernd an durchfrosteten Mauern und
lockt: »Oh, folge mir nur einmal noch durch diese watteweiche, schuldlose Weiße, so sanft und so voll Stille!«
Hätte` ich es nie getan!

Ich sah, wie Wintersturm Wipfel und Äste zu Trümmern auf den Boden warf, zornig Einlass
begehrte in der Menschen behütetes Heim. Sah auch, wie Kältefinger den Vögeln ins Gefieder
griff und wie Einsamkeitsklagen ihnen das Herz langsam erstarb.
So lässt mich Kälteschmerz vergessen, wie man wärmt. Auch kann ich den Stürmen, kann dem Schneien nicht mehr wehren.
Und über allem ein Himmel, der vorüberzieht wie auf der Flucht vor der Welt, vor dem Tag, vor der Nacht: schweigend, unendlich, echolos!

Brigitte Comploj

Das Wort

Was ist ein Wort schon?
Es ist ein Laut, das der Wind heranträgt und fortweht.
Es ist eine Kraft, ist eine Macht,
die aus unserem Munde kommt,
Das Wort ist Träger der Freiheit
und der Auflehnung.
Es kann ein Lächeln herbeizaubern,
man kann sich an ihm wärmen,
es in Licht kleiden.
Es ist ein Tor,
ist ein Schlüssel zum Öffnen,
ist ein Schlüssel zum Schließen,
ein Schlüssel, der nicht im Nirgendwo liegt.
Ein Wort kann Brücken bauen,
aber auch einreißen.
Es kann sein wie ein Stein,
der in stilles Wasser fällt
und Wellenringe aussendet.
Worte sind wie Asche
und die Splitter der Wahrheit,
die darin aufblitzen,
sind die Perlen,
die man herausnehmen muss.
Ein Wort ist eine Waffe.
Abgeschossen wie ein Pfeil,
bleibt es, das Wort, im Gedächtnis hängen,
wie schockgefrostet,
ist nicht mehr zurückholbar
und hinterlässt Narben.
Ein Wort kann das Böse erwecken,

ihm Wesen, Gestalt und Leben verleihen.
Mit Worten kann ich mich mitteilen.
Sie sind das Gegenteil von Schweigen-
Aber: Schweigen kann uns in manchen Zeiten
zum Komplizen des Unrechts machen.
Was ist das Wort im Gedicht?
Diese Sekunde………,dieser Zauber……
in Dauer, in Schönheit ,in Zeitlosigkeit verwandelt.
Vielleicht ein Zeugnis für die Ewigkeit?
Vielleicht ein vollendetes Werk?

Anna Bacher Graf

Der Baum – das Fenster zum Tal

Auf dem Milchsteig zur Fane Alm
begegnest du ihm, dem Baum, dem Fenster zum Tal,
gleich nach der vorletzten Brücke links.
Er ist alt, der Baum! Sehr alt!
Wie alt an Jahren wohl?
Ein bizarres Skelett, hungrig nach Licht,
eine magische Schönheit, ein Meister im Überleben.
Tief verwurzelt, zäh, stark und erhaben.
Vom Blitz gestreift, verletzt, ausgehöhlt,
doch nie gefällt,
steht er beharrlich an seinem Platz.
Noch ist seine Zeit nicht gekommen.
Er trotzt den Naturgewalten.
Er atmet langsam und gewinnt
so an Zeit.
Die gähnende Tiefe unter ihm
streckt vergeblich ihre Krallen nach ihm aus.
Der Baum wirft Fragen auf,
viele Fragen.
Die Antworten bleiben aus.
Er erzählt Geschichten
und singt sein altes Lied,
wenn Wind und Sturm durch sein Geäst jagen.
In seinem ausgehöhlten Stamm,
dem alten Nest,
dem Fenster zum Tal,
sucht ein Vogel Schutz.
Viele Male.

Dann breitet er, der Vogel, seine Flügel aus
und schwingt sich in luftige Höhen.
Meine Gedanken fliegen mit ihm weg.

Anna Bacher Graf

Anna Bacher Graf: Bäume

Manchmal

ist die Natur großzügig,
manchmal ist die Natur geizig,
manchmal ist sie überschwänglich und voller Leben,
manchmal ist sie leer und tot.
Manchmal atmest auch du
leicht und mühelos,
manchmal aber auch schwer.
Manchmal wirst du nach oben getragen
und manchmal nach unten gedrückt.

Anna Bacher Graf

Diese goldgelbe Weite

Es ist,
als schrittest du
wie eine
gold'ne Fee
durchs weite Tal, atemlos..
Geheimnisvoll und unbeschwert.
Du leuchtest,
ruhst
und sprichst das Auge an.
Und auch das Herz.
Du rührst die Seele.
Ich fühl'
den Pulsschlag,
die diese Fülle
mir verleiht
und bleib' davon nicht unberührt.

Anna Bacher Graf

Unsere Erde weint

Wir sind
durch Nebelwolken gelaufen,
fliegen
viel zu hoch,
verlieren
den Boden
unter den Füßen,
wollen
nicht lernen,
die zerstörerische Grenzenlosigkeit
aufzugeben.

Anna Bacher Graf

Frieden

Wenn ich....
alle Macht der Welt besäße,
würde ich
eine Welt des Friedens schaffen.
Frieden heißt nicht:
Kein Fortschritt!
Frieden heißt:
Arbeit für alle,
Wohlstand für alle,
Liebe für alle.
Frieden heißt:
Die richtige Schuhnummer
tragen zu dürfen.
Aber-
solange nicht jeder einzelne
von uns den Frieden in sich trägt,
kann dieser nicht Gestalt annehmen.

Anna Bacher Graf

Liebe

Liebe ist:
Eine Gabe,
mit der wir geboren werden.
Ein Geschenk,
das alles lebendig macht.
Liebe ist:
Umarmung-von Körper und Seele.
Und doch --
verlernen wir
im Laufe des Lebens,
was Liebe ist.
Wir suchen sie
und verhindern sie oft.
Wir vergessen
Brücken zu bauen
über trennende Flüsse
oder -die Hand auszustrecken-
zum anderen.
Wir bevormunden einander.,
anstatt einander vorbehaltlos zu lieben

Anna Bacher Graf

Beschützen

Du wolltest mich
doch nur beschützen,
so sagtest du.
Ach, beschützen?
Wovor?
Ich fühlte,
es war nur
ein Festhalten.
Ich aber wollt einfach nur fliegen,
du jedoch nahmst mir die Flügel.

Anna Bacher Graf

Veränderung

Ich wage es,
ich selbst zu sein
und nicht der Mensch,
den *du* haben möchtest.
Ich wage es,
deine Wünsche nicht zu erfüllen,
falls ich mir dabei
selbst untreu werden muss.
Ich wage es,
mich *dir* zuzumuten,
mit dem ,
was *dir* Mühe machen könnte.
Zuvor
werde ich mich
immer wieder verändern,
aber nicht so,
wie *du* mich haben willst,
sondern so,
wie mich mein Weg in die Reife führt.
Ich kann
so wagemutig sein,
weil ich ein tiefes Vertrauen
in die Kraft
der Veränderung habe.

Anna Bacher Graf

Innehalten

Manchmal
muss man innehalten-
im Leben,
sich besinnen.
Straßen der Nachdenklichkeit gehen,
hinein- bis in die Einsamkeit.
Abstand nehmen
vom Alltag.
In Erinnerung tauchen
wie in einen Ozean,
um sich wieder
zu spüren.

Anna Bacher Graf

Das Leben – ein Mosaikbild

Aus Mosaiksteinen
ist unser Leben zusammengesetzt.
Mosaiksteine sind grundlegend.
Du sammelst sie,
setzt sie zusammen,
Schritt für Schritt,
denn große Schritte übersehen
so leicht das Wesentliche.

Anna Bacher Graf

Anna Bacher Graf: Mosaik

Freude

erhellt das Leben.
Freude
füllt das Leben
mit Musik.
Freude
ist Bewegung,
Glück,
Farbe und Harmonie.

Anna Bacher Graf

Der Seiltänzer

Er knüpft
das Zauberband
zwischen Himmel und Erde
und
zwischen den Menschen-
der Seiltänzer.
Eine Handbreit nur-
entfernt von den Wolken.
Ein Spaziergang nur-
auf dem Seil.
In fließender Bewegung
streifen es seine Füße,
das Seil,
einige Minuten nur,
doch lang genug,
um die Gitterstäbe
der Gefühle
schmelzen zu lassen.

Anna Bacher Graf

Schenk mir Zeit

Während
unter meinen Füßen
ruhelos
das Herbstlaub raschelt,
eine Bitte nur:
Schenk mir Zeit!
Zeit zu lieben,
Zeit zu versöhnen,
Zeit zur Ruhe zu kommen,
Zeit mich am Feuer zu wärmen.
Und Zeit----
zu sagen,
was noch zu sagen ist.

Anna Bacher Graf

Vorgemacht- nachgemacht

Als Kind
wurde dir
Vieles vorgemacht
und du hast
alles nachgemacht.
Später hast du
selbst etwas gemacht,
wurdest manchmal
ausgelacht.
Heute hast du
schon lange nichts
mehr gemacht
und niemand
hat dich ausgelacht.

Anna Bacher Graf

Üble Nachrede

Einen Kieselstein nur -
warfst *du*
hinein
in die Menge.
Der Kieselstein-
er wurde dann
zum Felsbrocken.

Anna Bacher Graf

Gewalt

Mit Gewalt
kann man keine Probleme lösen.
Geballte Fäuste
weichen keine Fronten auf.
Gewalt lässt
die Schwachen und Armen
morgen verlieren
und ohne Chance sein.
Gier –ein Geistesgift,
ist das Fundament der Gewalt.
Gewalt ist-
Macht ohne Gerechtigkeit.
Unter dem Deckmantel
Religion- Gott-
wird Gewalt
oft sogar gerechtfertigt.
Gewalt ist der Keim
des Untergangs,
der Respektlosigkeit, der Lieblosigkeit,
ist eine blutige Spur.
Gewalt führt zu
Armut, Krankheit,
Abhängigkeit, Mangel,
Versklavung, Aussichtslosigkeit,
Hass und Umweltzerstörung.
Gewalt ist
der Nährboden des Terrorismus,
der wahren Achse des Bösen.
Doch es gibt keinen Grund,
die Hoffnung aufzugeben

und die Arbeit
an einer besseren Welt.

Anna Bacher Graf

Die Tochter des Teufels

Man nannte sie Diavolina und sie war die Tochter des Teufels. Diavolina war eine rassige Schönheit, mit ihren langen schwarzen Haaren, die im Feuerschein einen violetten Schimmer hatten. Ihre Figur war makellos, sie hatte eine erotische Ausstrahlung. Sie bewegte sich wie eine Katze, in Wirklichkeit war sie eine Schlange. Ihre roten Augen funkelten wie Edelsteine, sah man sie an, so gefror einem das Blut. Diavolina war unberechenbar, kaltblütig, hinterhältig, brutal und pervers. Sie war die Tochter des Teufels und machte ihm alle Ehre. Vor ihr gab es keine Geheimnisse, sie war durch und durch verdorben. Sie ließ jeden spüren, dass sie die Tochter des Teufels war, vor ihr war niemand sicher.

Foltern und quälen bis zum letzten Blutstropfen, das war ihre Spezialität. Befasste sich Diavolina mit einem Verdammten, so hatte er die Hölle in der Hölle. Sie hatte die Aufsicht über die Neuankömmlinge. Die Verdammten wurden nach Vergehen verschiedenen Abteilungen zugewiesen. Je brutaler und schonungsloser sie im Leben waren umso größer wurde die Überraschung für sie. Als Diavolina volljährig wurde, nahm sie der Teufel mit auf die Erdoberfläche, um sie zu lehren, wie man Menschen mit Hass, Neid, Gewalt und Gier infiziert.

Als sie ein kleines Mädchen mit lockigen blonden Haaren in ihre Macht bringen wollte, da blendete sie ein Sonnenstrahl so stark, dass sie einen Blick zum Himmel warf.

Plötzlich erblickte sie einen Engel, der auf einer weißen Wolke saß und mit der Harfe spielte. Sie kannte schon so vieles, aber so etwas Schönes im goldenen Schimmer, und die klangvolle Musik, das war für sie neu. In dem Augenblick, wo sie das sah und hörte, veränderte sich etwas in ihr. Sie war die Hitze des Höllenfeuers und den Schwefelgestank gewöhnt, aber die Wärme, die aus ihren Herzen kam, die kannte sie nicht. Wenn sie die Augen schloss, durchzuckte es sie wie ein Blitz. Der Engel, die Musik, der blaue Horizont, es war zum Verrücktwerden. Das kleine Feuer im ihrem Herzen erlosch nicht mehr. In ihrer Welt, der Hölle, war die Hölle ausgebrochen. Sie konnte nicht mehr so hassen wie sonst, oder anderen Seelen Schmerzen zufügen, wie sie es bisher genoss. Zum Teufel, was geschah da? Diavolina erkannte sich selbst nicht mehr. Hinter vorgehaltener Hand hieß man sie Damalunga. Die ganze Hölle spielte verrückt, man hasste sie noch mehr, denn wer würde ihr auch schon vertrauen. Keiner erkannte Diavolina wieder, aber insgeheim warteten sie nur, dass sich ihre Laune änderte, und wehe dem, der sich in ihrer Reichweite befände. Dem Teufel kam das zu Ohren, er spuckte Feuer und Galle, er war die Bestie selbst, die ganze Hölle erbebte. Seine verruchte, verdorbene, gierige Tochter sollte sich verändert haben? Niemals! Bei Feuer, Glut und heißer Asche verdammt. Diavolina hatte sich ein Ziel gesetzt, sie wollte ein Engel werden, koste es was es wolle. Sie, die Böse unter den Bösen, folterte niemanden mehr. Früher riss sie den Verdammten die Finger und die Zehennägel aus, jetzt linderte sie ihre Schmerzen.

In ihr brannte ein Feuer so heiß, da kam ihr die Hölle wie ein Kühlhaus vor. Diavolina verfluchte den Tag, wo sie die Augen zum Himmel erhoben hatte. Seit sie auf der Erde war, hasste sie alle und alles. Diavolina, zweifelte immer öfter, an sich selbst. »Bin ich nun eine Teufelin oder nicht?« Der Teufel, ihr Vater, war der Verzweiflung nahe. Er terrorisierte seine Tochter noch mehr, ließ ihr unvorstellbare Schmerzen zufügen. Aber allem zu Trotz, sie wollte ein Engel werden, auch wenn es noch eine kleine Ewigkeit dauern würde. Den Namen »Damalunga« hatte jeder im Munde, aber ihn laut auszusprechen, hätte keiner gewagt. Im Himmel wird auch schon darüber geflüstert, wer das sein könnte. »Damalunga!«

Die Erzengel, wurden damit beauftragt, im Namen Gottes, Informationen zu sammeln, Betreff. »Damalunga«. Der Engelsrat erklärte sich einverstanden, Damalunga in das Himmelreich aufzunehmen. Diavolina werden aber ein paar Grenzen gesetzt. Beispiel: sie bekommt eine Wolke, eine Harfe, hat die gleichen Rechte und Pflichten wie die Engelschar. Ihr werden aber die Flügel verwehrt. Sie ist glücklich über diese Entscheidung.

Paul Thurner

Eine glaubhafte Geschichte!

Ich war für ein verlängertes Wochenende in München, hatte ein Zimmer in Pasing im »Hotel Post« reserviert. Kam um17Uhr mit dem Zug am Hauptbahnhof an. Ich ging zum Bahnhofsplatz und wartete auf die Straßenbahn Richtung Pasing, zündete mir eine Zigarette an und genoss das schöne Wetter. Neben mir bemerkte ich eine junge Frau mit einem kleinen Mädchen. Sie sprach mich an und bat mich, auf die Kleine aufzupassen, da sie nur eine Kleinigkeit kaufen wolle im Kaufhaus gegenüber, es dauere nur fünf Minuten. Fünf Minuten vergingen, eine Viertelstunde verging, die Frau kam nicht, aber die Straßenbahn. Was sollte ich machen???

Das kleine Mädchen hieß Jasmin, wir verstanden uns sofort, sie schenkte mir gleich ihr Vertrauen. Nach einer knappen Stunde schlief sie in meinen Armen ein.

Die Geschäfte ließen die Rollgitter herunter sie machten Feierabend und ich saß im Wartehäuschen mit einem kleinen Mädchen im Arm, einem Koffer und einem Rucksack und wartete auf die Frau. Es wurde immer später und ich immer verzweifelter. Was sollte ich tun? Warten? Auf was? Auf ein Wunder? Das Wunder kam nicht, aber die Straßenbahn Richtung Pasing. Der Himmel bewölkte sich, es brach die Dämmerung herein und Ich fühlte mich einsam und müde obwohl ich die Kleine im Arm hielt und im Zentrum einer Großstadt war.

Ich nahm meinen ganzen Mut zusammen und bestieg die Straßenbahn, löste zwei Tickets bis Pasing und informierte mich, wo ein Polizeirevier sei. Gegenüber dem Hotel befand sich eine Dienststelle, ich trat ein. Zwei Polizisten in Uniform erkundigten sich, wie sie mir behilflich sein könnten. Ich erzählte ihnen mein Erlebnis, sie waren baff. Es kam noch eine Polizistin hinzu und wollte Jasmin in ihre Arme nehmen, aber die fing an sich zu wehren, zu schreien, die Tränen liefen ihr über das Gesicht. Sie schmiegte sich noch näher an mich. Ihre kleinen Hände umklammerten meinen Hals, ich hatte schon Angst, dass mir die Luft wegbleibt. Jasmin wich nicht mehr von meiner Seite. Mit dem Taschentuch putzte ich ihr die Nase, ein paar Minuten später lächelte sie schon wieder, ihre Augen leuchteten wie Sterne, sie war einfach zum Liebhaben. Die Polizisten versprachen mir jede Hilfe und das Mädchen solle bei mir in Obhut bleiben. Es wurde immer später, mir fielen fast die Augen zu.

Auf einmal kamen drei Uniformierte auf mich zu und sagten: Es habe sich alles aufgeklärt, sie wüssten, wo das Mädchen zu Hause ist, ich sollte sie begleiten, man weiß ja nie.

Wir fuhren in Richtung Neu-Perlach einem Randbezirk von München, in die Andreotti- Str. Vor einem Hochhaus parkten sie das Auto. Wir gingen zum Eingang, die Polizisten klingelten, man hörte den Türöffner summen. Wir fuhren mit dem Aufzug in den 4 Stock, gingen nach links um die Ecke, da stand sie, die junge Frau, die mir das Kind anvertraut hatte, an der Wohnungstür. Die Beamten unterhielten sich kurz mit ihr, dann sah sie mich an.

Sie war ganz aufgeregt fast wütend schrie sie mich an: «Das ist nicht mein Kind, ich habe keine Kinder, ich bin kinderlos, was wollt ihr von mir. Lasst mich in Ruhe!!! Ich stand unter Schock, die kleine Jasmin im Arm, ich verstand die Welt nicht mehr.

Was glauben Sie, was dann geschah???

Was glauben Sie???

Ich öffnete die Augen. War schweißgebadet und es war alles nur ein

Traum!!!

Paul Thurner

Zwischen Leben und Tod

Ich fuhr mit meinem Auto Richtung Süden, es war ein schöner Morgen, die Sonne ging auf. Sie sah aus wie ein Feuerball am Horizont. Im Radio sang Zucchero mein Lieblingslied, ich freute mich auf vierzehn Tage faulenzen, spazieren gehen am Strand, einen kühlen Drink im Sonnenuntergang, oh, wie kann doch das Leben schön sein! Ein Blick auf das Armaturenbrett zeigte mir, dass der Tankzeiger im roten Bereich war. Dabei kam mir der Gedanke, dass ein Espresso auch nicht schaden könnte. So fuhr ich bei der Autobahnraststätte (AFFI) aus. Ich ließ mein Auto volltanken, genoss den Espresso in der Bar und bewunderte die schlanken Beine der schwarzhaarigen Bedienung hinter dem Tresen. Ein paar Worte noch mit dem Tankwart und ich setzte meine Reise fort.

Vor dem Autobahnkreuz Verona-Mailand, auf einmal ein lauter Knall, es hört sich an wie ein Schuss oder ein geplatzter Reifen. Vor mir schleudert ein Wohnwagen hin und her, ein Bus, der auf der Überholspur fährt, kommt mit dem Wohnwagen in Kontakt. Der Wohnwagen dreht sich in Zeitlupe Richtung Nothaltespur, das Auto des Wohnwagens kollidiert mit dem Vorderrad des Busses und wird durch den Aufprall wieder auf die rechte Fahrspur zurückgeschleudert. Der Wohnwagen stößt von neuem mit dem Bus zusammen, die Hinterräder des Busses zermalmen einen Teil des Wohnwagens. Glas splittert, Holz- Plastikteile, Teller, Dosen und Klamotten fliegen durch die Luft, eine Stichflamme blitzt auf, ein Knall, Rauch steigt auf. Durch den Aufprall wird das Auto mit dem Wohnwagen wie ein Geschoss über die rechte Fahrspur hinaus, über die Nothaltespur hinweg katapultiert, die Böschung hinauf, wo es sich Sekunden später überschlägt und auf dem Dach neben der Autobahn zu liegen kommt. Der Bus, der vorher auf der Überholspur war, durchbricht die Leitplanke, kommt auf die Gegenfahrbahn, wo er seitlich umkippte. Ich verstand überhaupt nichts mehr, stand mit dem Auto auf der rechten Fahrspur, hinter mir ein Tankzug, ich dachte mir: «Wach auf! Das ist ein Film!» Man hörte von neuem Bremsen kreischen, Hupen und Glas bersten, zwischendurch das Knirschen von Blech. Auf einmal war alles still, nur für einen Augenblick, aber der Augenblick war schockierend. Ich saß im Auto und sah etwas Dunkles auf mich zufliegen. Ein Schlag ins Gesicht, mir wurde schwarz vor den Augen. Ich fühlte mich auf einmal frei, ich war erstaunt über die Leichtigkeit, die ich besessen hatte. Ich sah einen Mann, der mich aus meinem Auto zog, mich auf die Nothaltespur legte, und mit seinen Händen fuchtelte. Es kamen ein Mann und eine Frau hinzu. Die Frau griff nach meinem Hals, wenig später riss mir der Mann mein Hemd vom Leib. Ich protestierte, denn mein Hemd war neu, aber keiner achtete darauf. Ich hörte Sirenen, sah Rettungsfahrzeuge, Menschen, die in Panik schrien und im Kreise liefen, andere lagen auf den Bahren. Sanitäter, Ärzte in weißen Kitteln, Polizisten und viele Schaulustige. Es sah aus wie eine Belagerung. Ein Hund, ein schöner Colli, kam hinzu, schaute mich an, fing an zu bellen. Aber er guckte nicht auf meinen Körper, sondern in die Luft. Es kam wie ein Geistesblitz: »Wenn ich nicht dort war, wo mein Körper auf dem Asphalt lag, wo war ich dann??? Einen Augenblick später befand ich mich in einer dunkeln Röhre. Ich fühlte mich pudelwohl, war in einen Lichtpunkt eingebettet. Mir kam es vor, als wäre ich beim Bungeejumping. An einem Ende der Röhre war es gelblich hell, unter mir war bodenlose Dunkelheit. Ich sauste einmal runter dann wieder rauf, Richtung Licht. Ich wollte ins Licht, das hatte eine magische Anziehung auf mich. Dann eine Explosion, es gab keinen Knall, aber ich hatte das Gefühl von einer großen Leere, die kann ich bis heute noch nicht beschreiben. Verlassen und alleine, einfach furchtbar. Ich öffnete die Augen, ich war wieder in meinem Körper.

Ich fing an zu bitten, sie sollten mich in Ruhe lassen. Das waren die schrecklichsten Sekunden die ich je hatte. Eine Sanitäterin legte mir ihre Hand auf die Stirn, dann wurde es wieder finster. Als ich erwachte, merkte ich, dass ein paar Kabel und Schläuche an mir angeschlossen waren. Ich war in der Intensivstation. Ein paar Wochen später verlegten sie mich in die medizinische Abteilung. Dort erzählten sie mir, dass das, was ich als Traum empfand, Realität war, dass ich mehr tot gewesen sei als lebendig. Als es mir besser ging, besuchte mich die Polizei im Krankenhaus wegen der Aufnahme des Protokolls. Sie sagten, ich hätte zwei Schutzengel gehabt und es war ein Horrorunfall mit vier Toten und dreißig zum Teil Schwerverletzten Dann erzählten Sie mir noch, das dunkle Ding, das mir zugeflogen war, sei der Schuh eines fünfjährigen Mädchens gewesen, das zur Zeit des Unfalls im Wohnwagen geschlafen hatte.

Paul Thurner

Die Katze!

Ich war mit dem Lastzug am Brenner- Pass, hatte die Zoll Formalitäten hinter mich gebracht und wollte in die Fahrerkabine einsteigen, da fragte mich eine schwarzhaarige Schönheit ob ich sie mitnehmen würde. Ich bejahte und so stieg sie ein, ich setzte meine Fahrt fort. Ich erzählte ihr, dass ich nach Süditalien unterwegs sei, meine Abladestelle wäre in Bari.

Sie hatte kein bestimmtes Ziel, sie wollte ans Meer, und wie man so schön sagt: »morgens Fremde, mittags Freunde und abends im selben Bett.« Ich weiß heute noch nicht, wie oder warum, aber als ich in ihre grünen Augen sah, wusste ich, das ist die Frau fürs Leben. Die oder keine! Ein halbes Jahr später haben wir geheiratet, es war der Himmel auf Erden.

Wir hatten große Pläne für die Zukunft, aber leider blieben wir kinderlos. So wünschte sich meine Frau ein Haustier, einen Hund oder eine Katze. Wir entschieden uns für eine Katze, besuchten ein paar Tierhandlungen, und informierten uns über die Vierbeiner und so kauften wir eine schwarze Perserkatze. Es war eine Sie, zehn Wochen alt, sie war so groß wie meine Hand. Ihr Fell war schwarz wie die Nacht und sie hatte grüne Augen, dieselbe Farbe wie die meiner Frau. Ich hatte das Gefühl, wir kauften nicht nur die Katze, sondern das halbe Geschäft: Katzenbaum, Katzenklo, ein Katzenbett, drei Katzennäpfe Stoff-Mäuse und Katzenfutter in allen Geschmacksrichtungen.

Sie bekam den Namen: »Annabella« und war unser Ein und Alles, wurde verwöhnt wie ein Kind. Annabella hatte Narrenfreiheit, dank meiner Frau. Öfters fragte ich mich, wieso ich nach Hause kam. Alles drehte sich nur noch um Annabella. Kamen die Kinder meiner Schwester auf Besuch, hieß es nicht mehr,»wo ist Onkel Klaus?,« sondern, «wo ist Annabella?« Legte ich mich zu Mittag auf die Couch, kam Annabella, schnurrte sanft, legte sich auf meine Brust. Einen Augenblick später, versenkte sie ihr Krallen in meine Haut, so wusste ich, ich liege auf ihrem Platz. Ich ertappte mich selbst, dass ich eifersüchtig wurde.

Früher, wenn ich nach Hause kam, wurde ich mit einem Kuss belohnt, oder meine Frau hatte ein verführerisches Kleid an, da war ich ihr Schmusebär, sie saß auf meinem Schoß, wir streichelten und verwöhnten uns. Jetzt saß die Katze auf ihrem Schoß, wurde gestreichelt und gekrault. Kam ich zur Tür hinein, sprach sie von der Katze, Katze, Katze! Alles drehte sich nur mehr um Annabella. Eines Tages wollte ich meine Frau und die Katze überraschen, war in einer Tierhandlung und kaufte zwei Mäuse. Man sagt ja:»Katzen fangen Mäuse.« Vielleicht war es Annabella langweilig. Als ich nach Hause kam, ließ ich die Mäuse im Wohnzimmer frei und dachte mir, das wird ein Spaß. Doch weitgefehlt, es wurde eine Katastrophe. Meine Frau betrat das Wohnzimmer, ein Schrei und sie flüchtete aus dem Raum.

Ich suchte die Katze und sperrte sie ins Wohnzimmer. Aber was passierte???

Die Katze sprang auf das Sofa und stellte die Haare auf, wie ein Igel seine Stacheln. Annabella hatte Angst, Angst vor Mäusen und ich bekam ein mulmiges Gefühl im Bauch. Nach einen kleinen Wortgefecht mit meiner Frau spielte ich den Mäusejäger. Dann kam der Tag, der kommen musste. Ich wollte zu Bett gehen und was sah ich da? Die Katze hatte in mein Bett gemacht, ich flippte aus, die Katze war schneller als ich. Meine Frau erklärte mir, dass das nur die Rache sei, weil ich sie gestern vor die Haustür gesetzt hatte. Am nächsten Tag, einem Sonntag, frühstückte ich Kaffee, Toast-Brot mit Marmelade und Butter und was fraß die Katze? Ei im Glas. Das war zuviel! Ich verstand die Welt nicht mehr! Unsere har-

monische Beziehung stand vor dem Aus und das wegen dieser Katze »Annabella«. Das konnte nicht wahr sein. Ich spielte schon mit Mordgedanken in Richtung »Annabella«! Meine Frau versuchte mich zu beruhigen, sie erklärte mir, sie habe Annabella für einen Wettbewerb eingeschrieben und durch das Eigelb bekäme ihr Fell einen schönen Glanz. Sie könnte etwas Besonderes werden. Ich sagte zu ihr:
»Annabella ist etwas Besonderes, gleich wie du.« Sie umarmte mich und gab mir einen langen
Kuss!!!

Paul Thurner

Der Lottogewinn!

Bruno ist groß, extrem übergewichtig, hat eine hohe Stirn, und seine schräggestellten Augen geben ihm etwas Verschlagenes.

Das blonde Haar ist zerzaust und klebrig, der Vollbart ungepflegt und mit Krümeln beklebt. Mit seiner krummen Haltung sieht er aus wie ein alter Mann. Die Kleidung ist zerlumpt und
steht vor Schmutz, er riecht nach Alkohol, Nikotin und irgendwie säuerlich. Er ist ein Bettler, Penner, ein Obdachloser. Er schläft nicht unter der Brücke, er pennt dort, wo ihm der Alkohol am nächsten ist. Er sitzt am Kurfürstendamm mit einer Flasche Korn und träumt von alten Zeiten. Als er noch mit seinen Zwillingsbruder Klaus im Garten herumtollte und Unfug trieb. In ihrer Kindheit wurden sie verwöhnt und mit Spielsachen überhäuft. Als Jugendliche saßen sie in derselben Schulbank.

Ihre Eltern verlangten vollen Einsatz: Waren sie nicht unter den drei Besten, gab es Prügel, brachten sie gute Noten nach Haus, war das selbstverständlich. Ihr Vater war ein Tyrann, ihre Mutter hysterisch und launisch. Klaus, starb mit fünfzehn an Leukämie, von da an wurde der Druck seiner Eltern noch größer. Bruno machte seine Berufsausbildung als Verkäufer, dann den Meister. Die Vorwürfe des Vaters kannte er schon auswendig.

»Klaus hätte das so gemacht. Klaus hätte sich anders entschieden.« Klaus war immer besser. Obwohl er schon lange tot war, er war überall. Klaus, Klaus, Klaus!!!

Sein Vater starb mit sechzig an einem Herzinfarkt.

Vor zehn Jahren war er zweiunddreißig. Nach dem unerwarteten Tod seines Vaters übernahm er das gutgehende Konfektions-Geschäft im Zentrum von Berlin. Seine Wohnung teilte er mit seiner Lebensgefährtin und den zwei Töchtern im Alter von fünf und sieben Jahren. Er war ein angesehener Geschäftsmann und ein lebensfroher Mensch, und wurde von vielen beneidet wegen seiner Erfolge. Doch er besaß eine Leidenschaft und die hieß: »Lotto«.

Es ging ihm nicht ums Geld, sondern um den Reiz, das Mitfiebern bei den Ziehungen. An einem Junitag knackte er den Jackpot, 400000 Euro. Den feierte er mit seiner Lebensgefährtin und mit Freunden und beschenkte sich mit einem Ferrari. Drei Monate später schlug das Schicksal erneut zu. Jackpot-800.000 Euro. Das führte zur Wende in seinem Leben.

Er zog mit seinen Kumpeln durch die Kneipen der Stadt. Alkohol und schöne Frauen, er fühlte sich jung und stark, machte die Nacht zum Tag, wachte immer öfter in fremden Betten auf. Seine Arbeit interessierte ihn kaum, die Familie noch weniger, die Glitzerwelt war sein neues Zuhause. Er wurde von den Frauen vergöttert. Ihn beherrschte die Wahnidee, dass das Lotto kein Spiel sei, sondern System habe und er der Auserwählte sei, der den Durchblick habe. Seine Lebensgefährtin verließ ihn und zog mit den Kindern zu ihren Eltern aufs Land. Das Geschäft und die Wohnung wurden an den Meistbietenden verkauft.

Bruno genoss das Leben in vollen Zügen und düste um die Welt: Paris, London, Rom, New York, Las Vegas. Als das Geld knapp wurde, zockte er in billigen Kneipen, später machte er Schulden. Sein Freund »Alkohol« wurde sein ständiger Begleiter. Er versetzte alles, die Uhr, die goldene Halskette. Den Verlobungsring brachte er ins Pfandhaus, mit dem Gedanken:

»Morgen gewinne ich im Lotto und alles wird wieder gut.« Doch es kam anders als er es sich's ausgemalt hatte. Alles aus, alles verspielt, er war pleite. Er sah nur noch einen Weg, um an Geld zu kommen! »Ein Banküberfall!« Aber er verübte ihn so stümperhaft, dass ihn die Polizei nahe dem Tatort verhaftete. Drei Monate später wurde ihm der Prozess gemacht. Urteil: Vier Jahre Haft. In der Zwischenzeit starb seine Mutter bei einem Autounfall, das brach ihm beinahe das Herz. Als er entlassen wurde, besuchte er seine Kinder auf dem Land, doch die jungen Frauen erklärten ihm, dass sie mit einem-Vorbestraften nichts zu tun haben wollten. Ihm wurde übel, fast schwindelig, er zog in die Großstadt.

Er ist nun ein gebrochener Mensch und was ihm blieb, ist sein FREUND—ALKOHOL.

Paul Thurner

Dankbarkeit

Endlich war die dunkle Jahreszeit vorbei und die Tage waren wieder herrlich lang. Das ganze Jahr über musste Anna früh aus den Federn. Sie verließ im Winter das Haus morgens bei Dunkelheit und kam oft erst in der Dunkelheit wieder zurück. Den ganzen letzten Winter über hatte sie mehr gearbeitet als sonst, weil ihre Kinder sie nun nicht mehr so brauchten. Sie musste nun nicht mehr mit schlechtem Gewissen heimhetzen, ihren Haushalt im Laufschritt erledigen und die Schulaufgaben kontrollieren. Die Zeit war vorbei, als sie nachts ihren Schlaf unterbrechen musste, um ihre Kinder in Diskotheken und den verschiedenen Lokalen abzuholen. Annas Abende waren ruhiger geworden, und sie konnte nun in aller Ruhe im Bett lesen, bis ihre Augen vor Erschöpfung brannten und schließlich zufielen. Ihr Mann Tim war nach seiner Arbeit immer so müde, dass er keinen Unternehmungsgeist mehr hatte und sich bereits nach dem Abendessen auf die Couch legte und noch während der Nachrichten im Fernsehen einschlief.

Ihre älteste Tochter Sophie hatte ihr Studium vor zwei Jahren abgeschlossen und arbeitete als Sozialassistentin. Seit November lebte sie mit ihrem Freund Alex in einer sehr schönen Wohnung nicht weit von ihrer Familie. Anna mochte Alex nicht und hatte von Anfang an kein Geheimnis daraus gemacht, aber Sophie hatte nicht auf die wohlgemeinten Mahnungen ihrer Mutter gehört. Dass die Beziehung nicht allzu glücklich verlief, war augenscheinlich, aber Sophie gestand sich ihren Irrtum noch nicht ein. Jeden Tag kam sie mindestens einmal unter irgendeinem Vorwand vorbei, und Anna freute sich über die Besuche.

Sophie fehlte ihr sehr, wohl deshalb, weil sie schon immer sehr laut und temperamentvoll gewesen war. Anna kannte niemanden, der so witzig sein konnte wie Sophie, die es schaffte, sie zum Kichern zu bringen wie ein Teenager. Mit ihrer ungezwungenen Fröhlichkeit lachte Sophie so herzlich und ansteckend, dass man nicht anders konnte, als mitzulachen.

Während ihrer Pubertät trieb Sophie ihre Mutter manchmal fast in den Wahnsinn, sodass Anna immer wieder erschöpft sagte: »Könnte man sie nur in die Tiefkühltruhe stecken und erst wieder rausholen, wenn diese verflixten Jahre vorbei sind!«

Doch jetzt war Sophie vernünftig, es war kaum zu glauben. Sie hielt ihre Wohnung sauber und war ständig auf der Suche nach neuen Kochrezepten. Zu Ostern färbte sie sogar Eier und schnitt Zweige von den Büschen für ihren Osterstrauß! Sogar Osterkarten hatte Sophie heuer verschickt. Keine E-Mails oder SMS wie sonst, sondern richtig hübsche Karten, wie sie es bei ihrer Mutter immer gesehen hatte.

Anna schüttelte lächelnd den Kopf, als sie daran dachte. Sophie hatte jahrelang an allem etwas auszusetzen gehabt, was die Mutter sagte oder tat. Nichts war recht gewesen. Und jetzt machte sie alles genau so, wie Anna es immer gemacht hatte. Sophie verwendete sogar dieselben Putzmittel wie ihre Mutter, die Gläser und Tassen in ihrer Küche befanden sich dort, wo auch Anna sie hingestellt hätte, in der Schublade unter dem Besteck lag immer ein sauberes Tuch.

Sie vergaß auch nie, Katzenfutter für ihren heißgeliebten Kater Fips zu kaufen und brachte ihn regelmäßig zum Tierarzt zu Kontrolluntersuchungen und zu Impfungen. Sophie hatte ihren Liebling, ein besonders schönes Tier mit getigertem Fell, zuhause in Annas Obhut gelassen, weil es draußen am Stadtrand besser für ihn war. Dort konnte er auf Bäume klettern und durch die Weinberge streichen. Sophie brauchte viel Platz und war freiheitsliebend und Anna fragte sich, wie lange sie es wohl in ihrem Kondominium aushalten würde.

Sie versuchte, sich anzupassen, aber sie verlangte nicht von ihrem Kater, der die Freiheit kennen gelernt hatte, in ihre Wohnung zu ziehen. Das war Tierquälerei, fand sie.

Vor drei Jahren hatte Sophie Fips auf dem Radweg gefunden, allein und verängstigt, und mit nach Hause gebracht. Fips hatte die meisten Nächte auf ihrem Bettende verbracht. Später unternahm er nächtliche Spaziergänge und dann sorgte sich Sophie um ihn wie eine Mutter um ihr Kind. Immer, wenn sie in den letzten Jahren Kummer hatte, sich ungeliebt und unverstanden fühlte, schloss sie sich in ihrem Zimmer ein, klagte dem Kater ihr Leid und genoss es, sich an sein weiches Fell zu schmiegen. Und wenn sie fröhlich war und ausgelassen herumsprang und tanzte, musste das arme Tier auf ihrem Arm aushalten. Zumindest die ersten Schritte, bis sie bemerkte, dass ihm das Gehopse gar nicht behagte und sich sein Fell sträubte. »Freu dich doch mit mir, Fipsilein, freu dich mit mir«, sang sie, aber das Tier freute sich lieber am Boden mit ihr, und so setzte sie ihn sanft nieder.

So kam Sophie nun auch ihres Katers wegen oft zu Besuch und war glücklich, wenn er mit hoch erhobenem Schwanz auf sie zu stolzierte und sich an ihre Beine drückte. Fips war ein dominantes Tier, das gewohnt war, die erste Geige zu spielen, und die ganze Familie ließ sich gerne von ihm tyrannisieren.

Auch der junge Setter Pit freute sich über Sophies Besuche, lief ihr freudig bellend entgegen und sprang an ihr empor. Sophie verzieh ihm lachend, dass er in seiner Euphorie oft ihre Kleidung beschmutzte und ihre Arme und Beine zerkratzte.

Anna war glücklich darüber, dass ihre drei Töchter ein so schönes Verhältnis zueinander hatten. Sie hatten sich zwar oft gestritten, wie es unter Geschwistern eben normal war, aber gegen andere sie hielten immer zusammen.

Elisa würde heuer ihr Abitur machen, wusste aber noch nicht so recht, was sie dann machen sollte. Anna wollte ihr

Zeit lassen, sie nicht drängen, ihre Jüngste würde auch ihren Weg finden.

Clara war die vernünftigste von den drei Töchtern. Sie hatte nie Schwierigkeiten gemacht, ihrer Mutter keine einzige schlaflose, sorgenreiche Nacht gekostet. Sie studierte Deutsch und Geschichte im nahen Ausland, fuhr am Sonntagabend mit dem Zug über die Grenze und kam am Freitagmittag wieder nach Hause. Claras großes Vorbild war ihr vor 10 Jahren verstorbener Großvater, sie liebte die deutsche Sprache und würde eines Tages mit derselben Begeisterung unterrichten wie er.

Ein mühsames Jahr hatte aber nun mit Claras Diplomarbeit begonnen. Bücher türmten sich auf ihrem Schreibtisch, und weil dort nicht genug Platz war, auch auf dem Zimmerboden. Zeitungen, Zeitschriften, lose Blätter, Fotos lagen monatelang kunterbunt im Zimmer, und niemand durfte etwas davon anrühren, denn Clara hatte ihre eigene Ordnung. An Aufräumen und Putzen war gar nicht zu denken. Clara suchte tagtäglich bis spät in die Nacht in Büchern und im Internet nach Antworten auf ihre unzähligen Fragen. Sie aß und schlief wenig und war mit einem solchen Feuereifer bei der Sache, dass ihre Mutter sich große Sorgen um sie machte. Aber Clara schlug sie in den Wind und es dauerte nicht mehr lange, dann setzte auch Anna sich immer häufiger zu ihrer Tochter und studierte mit ihr, wenn sie von der Arbeit nach Hause kam. Ständig kreisten nun auch ihre Gedanken um Claras Arbeit.

Die anderen wollten von der ganzen Sache nichts wissen. Ein zu heikles Thema hatte Clara gewählt, daher ergriffen die Schwestern die Flucht, wenn Clara und Anna ihr Wissen teilten und Überlegungen anstellten. Als Clara sich durch alle Bücher der einheimischen Bibliotheken gelesen hatte, bestellte sie Bücher aus dem Ausland und mehrte ihr Wissen.

Dank Clara liebte Anna jetzt Balladen und Gedichte. Sie hatte nun Werke von Schriftstellern gelesen, von denen sie vorher nur ihre Namen gekannt hatte. Anna fühlte sich unglaublich bereichert. Sie beschäftigte sich endlich mit anderem als mit der Erziehung ihrer Kinder, dem Haushalt und der Krankenpflege. Sogar die Ausflüge in die Natur hatten sich verändert, nun, da sie viel aufmerksamer geworden war. Sie fühlte intensiver, nahm die Farben, Geräusche und die Gerüche der Natur deutlicher wahr, die Sonnenstrahlen, den Wind und die Regentropfen auf ihrer Haut.

Die kommenden Jahre im Krankenhaus würden schwieriger werden als die vergangenen. Bis jetzt war ihr die Arbeit leicht von der Hand gegangen, weil sie noch schnell und behände war und keine Rücken- und Hüftschmerzen verspürte. Aber durch das viele Heben und das viele Gehen in den langen Krankenhausgängen, den ewigen Druck und Stress würde sie nicht mehr lange so gesund sein.

Wie so oft setzte sich Anna nach der Arbeit mit einem Buch auf die Treppe in der Sonne. So konnte sie am besten abschalten, am besten vergessen, wie viel Leid es an ihrem Arbeitsplatz gab. Es war heuer viel wärmer als sonst um diese Jahreszeit, es herrschten schon richtige Sommertemperaturen. Auf den Bergen war der Schnee bereits geschmolzen. Die Wanderzeit im Hochgebirge konnte nun beginnen. Pit legte sich neben Anna und auch der Kater gesellte sich zu ihnen.

Nach wenigen Minuten war sie so in ihre Lektüre vertieft, dass sie nicht einmal merkte, dass Clara heimgekommen war. Erst als ihre Tochter sich neben ihr auf der Treppe niederließ, sah sie vom Buch auf und kehrte vom isländischen Eis in den blühenden Garten zurück. Clara sah müde aus.

»Wann bist du denn letzte Nacht ins Bett gekommen?«, erkundigte sich Anna.

»Ich habe sehr schlecht geschlafen. Wie immer in letzter Zeit. Albträume machen mir zu schaffen. Ich träume von Juden, die wütend auf mich sind und mir drohen, und ich träume davon, dass ich in den Krieg ziehen muss«, seufzte Clara.

»Du übernimmst dich, Kind. Kannst du nicht mal eine

Pause einlegen? So geht das nicht weiter. Du hast noch mehr abgenommen und tiefe Augenringe.«
»Ich möchte schnell weiterkommen, Mami. Je früher ich mit meiner Arbeit fertig bin, umso früher kann ich abschließen und unterrichten.«
»Du sollst dich aber nicht kaputt machen. Ich habe am nächsten Sonntag frei, dann können wir alle zusammen eine Wanderung unternehmen und du kommst mal auf andere Gedanken.«
»Die anderen kommen sicher nicht mit. Sophie vielleicht eher noch, aber Elisa ganz bestimmt nicht.«
»Lass mich mal machen. Das kriegen wir schon hin.«
Am selben Abend rief Anna ihre Tochter Sophie an und erzählte ihr von Clara. »Ich möchte, dass sie ein bisschen rauskommt. Es wird uns allen gut tun.«
»Ich habe schon bemerkt, dass sie eine Essstörung hat, aber ich wusste nicht, dass sie auch schlecht schläft.«
»Clara findet zur Zeit nur auf dem Soldatenfriedhof ihre innere Ruhe. Sie redet dort anscheinend stundenlang mit ihrer Urgroßmutter.«
Sophie glaubte nicht richtig zu hören. »Was? Sie geht auf den Friedhof und redet mit Urgroßmutti?«
»Ich gehe ja auch auf Muttis Grab, wenn ich Sorgen habe«, verteidigte Anna ihre Tochter.
»Aber du hast deine Mutter gekannt, während Clara ihre Urgroßmutter nicht gekannt hat! Da gibt es einen Unterschied. Ihr habt beide eine Schwäche für Friedhöfe.« Sie schwieg kurz und fügte dann trocken hinzu: »Von mir aus seid ihr alle beide nicht normal.«
»Kommst du aber trotzdem mit uns wandern?« Anna ließ nicht locker.
»Klar, ich gebe mich gerne mit Verrückten ab.« Sophie gab sich geschlagen. Vielleicht lag es auch daran, dass das Leben mit Alex einfach so eintönig war, dass sie mit ihrer Mut-

ter auch auf den Himalaya gestiegen wäre. Sie gähnte. »Der blöde Papagei vom Nachbarn hat mich heute schon wieder geweckt«, klagte sie. »Ich weiß nicht mehr, was ich machen soll. Ich habe zuerst mit dem Nachbarn, dann mit dem Verwalter, und jetzt auch mit meinem Wohnungsvermieter gesprochen, aber es hat nichts gebracht. Die ganze Woche muss ich so früh aus den Federn und am Wochenende, wenn ich mal länger schlafen könnte, singt und redet das Vieh in aller Herrgottsfrühe.« Das klang ziemlich verzweifelt. Der Papagei musste wirklich sehr laut sein, wenn Sophie, die Tiere über alles liebte, sich beklagte.» Der Käfig steht in ihrer Küche, die an unser Schlafzimmer grenzt. Die Nachbarn haben sogar ihren Balkon wegen des Papageis zum Wintergarten umbauen lassen«, fuhr sie fort, »wenn das so weitergeht, müssen wir uns eine neue Wohnung suchen.«

Anna verstand ihre Tochter sehr gut. Sie wusste aus eigener Erfahrung, dass Schlafmangel einen richtig fertig machen konnte. Junge Leute wollten am Wochenende nachts ausgehen und am nächsten Morgen ausschlafen. Sophie bildete da natürlich keine Ausnahme. Da Alex keine Lust hatte, sich die Nächte um die Ohren zu schlagen, unternahm Sophie eben etwas mit ihren Freunden.

Sie gähnte wieder. »Tschüss, Mami, bis morgen.«

»Kommt ihr morgen zum Abendessen?« fragte Anna schnell, bevor Sophie das Gespräch beendete.

»Ich schon, aber Alex nicht. Er ist nach der Arbeit so müde. Da will er nichts mehr wissen vom Rest der Welt, sondern einfach nur seine Ruhe haben.«

Das hatte Anna eigentlich schon erwartet. Alex wollte immer seine Ruhe haben. Er würde ihr nicht fehlen. Hauptsache, Sophie kam zum Essen.

Bevor Clara mit ihrer Diplomarbeit begonnen hatte, war immer sie es gewesen, die ihre Mutter ins Konzert, ins Theater oder auf einer Wanderung begleitet hatte. Ihre Schwestern hatten kein Interesse an Kultur und am Wandern schon gar nicht. Sophie war normalerweise höchstens für Spaziergänge zu haben, aber sicher nicht für stundenlanges Aufwärtsgehen. Und mit Elisa konnte man zur Zeit sowieso nichts anfangen. Sie verbrachte ihre Nächte in Tanzlokalen und stand sonntags nie vor dem Mittagessen auf.

»Wohin soll es denn am Sonntag gehen?«, erkundigte sich Clara am nächsten Abend, als sie beisammen saßen und sich Annas Pesto-Lasagne schmecken ließen.

Anna hatte mit ihren Kindern die Wanderung schon einmal gemacht, die sie für den Sonntag plante. Es war schon viele Jahre her und sie konnte sich an den Weg nur noch vage erinnern. Eigentlich hätte sie ja auch im Internet nachsehen können, wo mittlerweile alle Bergtouren genau beschrieben waren.

Sie dachte nach, versuchte sich zu erinnern. »Wir haben so viele Wanderungen gemacht, als ihr klein wart, daher kann ich mich auch irren. Aber ich bin fast sicher, dass es da einen Klettersteig gibt, aber er kann nicht sehr gefährlich sein, wenn wir es mit euch geschafft haben. Elisa hatte damals noch so kurze Beinchen, dass wir sie an abschüssigen Stellen oft tragen mussten.«

»Wie lange geht man da eigentlich?«, erkundigte sich Sophie.

»Ach, das weiß ich nicht mehr so genau. Es war sicher ziemlich weit, denn wir waren den ganzen Tag unterwegs. Ihr wart damals klein, aber trotzdem seid ihr sehr brav gegangen, weil ihr das Wandern gewohnt wart. Opa war auch mit und mit ihm war sowieso immer alles besser und schöner für euch. Auch wenn ihr sehr früh aufstehen musstet, um allerspätestens mittags beim Gipfelkreuz zu sein, denn sonst wurde der Aufstieg zu beschwerlich. Aber ihr hattet viel Spaß, weil es immer etwas zu sehen gab. Euer Großvater erteilte euch so Geographie- und Naturkunde- Unterricht, er war auch in seiner Freizeit Lehrer. Er kannte alle Namen der Berggipfel und der Blumen. Ein Edelweiß zu finden, war etwas ganz Besonderes für euch, auch wenn ihr sie nicht pflücken durftet. Ihr hattet Spaß daran, Bergdohlen zu beobachten und mit ihnen euer Schinkenbrot zu teilen. Und wie gut euer Großvater erzählen konnte! Seine Geschichten waren so fesselnd, dass ihr gar nicht gemerkt habt, wie weit der Weg war.«

»Die Sage von Ey-de-Nét und Dolasilla, vom Schloss am Abgrund und den Bleichen Bergen«, erinnerte sich Sophie.

»Ja, und von König Laurin und Donna Dindia, der Murmeltierprinzessin«, fügte Clara hinzu. »Wenn wir es damals geschafft haben, dann geht es jetzt erst recht«, sagte Anna.

»Können wir Pit mitnehmen?«, fragte Sophie. Der Setter war erst ein Jahr alt und noch sehr verspielt.

»Klar, dann kommt er auch mal raus.« Anna hatte keinerlei Bedenken.

»Manchmal möchte ich Pit sein. Er hat eigentlich ein schönes Leben«, meinte Clara.

»Du hast auch kein schlechtes Leben, oder?« Anna lächelte ihrer Tochter zu, aber sie verstand, was diese damit meinte. Clara war im letzten Jahr durch ihre anspruchsvolle Diplomarbeit und ihr Praktikum am Lyzeum erwachsen geworden. Die unbekümmerte Jugendzeit war endgültig vorbei.

Am nächsten Morgen brachen die Familie sehr früh auf, wie vorauszusehen war, blieb Tim lieber daheim. Um 8 Uhr kamen sie am Parkplatz der Talstation an. Es war noch so kühl, dass die Mädchen die Decken, die auf den Sesseln des Liftes lagen, auf die Beine legten. Anna nahm Pit auf den Schoß, der sie herrlich wärmte. Oben bekamen sie zunächst durch die Bewegung warm, doch bald hatte die Sonne eine solche Kraft, dass sie die Jacken ausziehen und in den Rucksack stopfen konnten. Pit lief vor und zurück, einmal stürmte er mit fliegenden Ohren am Hang ober ihnen dahin, dann wieder darunter, wie er es immer machte und schien sich über die herrliche Bergwelt zu freuen wie seine Begleiterinnen.

»Sind wir wirklich damals über diesen schmalen Pfad gewandert?«, fragte Elisa. »Hattest du keine Angst um uns?«

Anna lächelte.»Ihr wart eben sehr vernünftige Kinder und habt euch immer an Opas Regeln gehalten. Das Laufen und Hüpfen an abschüssigen Stellen waren verboten, damit ihr euch und andere nicht in Gefahr bringen konntet. Es boten sich ja aber dann auch genügend Möglichkeiten, wo ihr gefahrlos spielen konntet. Wir haben auf einer Bergwiese gepicknickt, und dort konntet ihr euch austoben, auf kleine Felsen klettern und Fangen und Verstecken spielen. Auf dem Gipfel erzählte euch Opa dann meist noch eine Geschichte. Wenn es nicht zu kalt und windig war.«

»Ich kann mich daran erinnern, dass wir am Gipfel immer mit Opa gesungen haben.«

»*Wo stolze Felsentürme zum Himmel recken sich…*«, begann Anna.

»Hilfe«, sagte Elisa. » Zum Glück kann uns niemand hören, das wäre mir jetzt wirklich zu peinlich.« Sie verdrehte die Augen. »Mami tut die Höhenluft nicht gut.«

Anna sang unbeirrt weiter.

»*Wenn wir erklimmen schwindelnde Höhen, steigen dem Gipfelkreuz wir zu…*«

Clara warf ihrer Mutter einen belustigten Blick zu und stimmte in den Gesang ein. Anna war schon ein besonderer Mensch, dachte sie. Ihre Mutter erinnerte sie immer mehr an ihren Großvater. Ihm war es auch gleichgültig gewesen, was andere Leute dachten. Unerschrocken sagte er seine Meinung und schwamm gegen den Strom, auch wenn er sich dadurch oft unbeliebt machte. Auch Anna stand zu ihrer Meinung, sie war zwar berufsbedingt etwas vorsichtiger und diplomatischer als er, aber sie war grundehrlich. Und sie war sportlich, spontan, vielseitig. Clara wollte so werden wie die beiden.

»*Herrliche Berge, sonnige Höhen, Bergkameraden sind wir, ja wir...*«

»Das nächste Lied ist für Opa«, sagte Clara und begann auch schon:

»*Wir lieben die Berge, die Grate, die Zinnen, der eisigen Höhen schimmerndes Licht...*«

Nun sangen auch die beiden anderen mit, und so wurden sie immer ausgelassener. Sogar Elisa fand Freude am Gesang. Anna schmunzelte. »Ich fühle mich frei hier oben, meine Lieben, weit weg von allen Alltagssorgen.«

»Schade, dass Großmutti nie mitgekommen ist.« Clara konnte wohl schwer Abstand gewinnen von ihrer Diplomarbeit. Ihr Gedanken kreisten ständig um die Vergangenheit der Familie. Sie war plötzlich nachdenklich geworden. Sie hatte viel Interessantes aufgedeckt. Endlich verstanden, warum ihre Großmutter so verschlossen gewesen war. »Es hätte ihr sicher gut getan.«

»Sie hatte keine Freude mehr am Wandern.« Anna seufzte und verbesserte sich. »Sie hatte keine Freude mehr am Leben. Als sie die Wahrheit erfahren hat.«

»Aber sie hat bis zu ihrem Lebensende gesungen. Könnt ihr euch daran erinnern?«, fragte Sophie. »Sie sang die schönsten Abendlieder, die ich je gehört habe. Großmutti hatte eine so wunderschöne Stimme. Und sie hat immer gesagt, dass ihre Mutter für sie gesungen hat. Es muss hart sein, die Mutter so früh zu verlieren.«

»Alles zu verlieren.« Clara empfand großes Mitleid mit ihrer Großmutter. »Beide Eltern, die Heimat, den Glauben an eine heile Welt, Geborgenheit, Träume und Hoffnungen.« Sie schluckte. »Ich habe Kinderfotos von ihr gesehen. Sie war ein fröhliches kleines Mädchen, aber die Flucht hat aus ihr einen anderen Menschen gemacht. Und als man ihr dann reinen Wein einschenkte, haben die Schuldgefühle sie erdrückt.«

Anna streichelte Clara übers Haar. Die Schuldgefühle kannte sie auch, nicht so stark, aber sie konnte ihre Mutter verstehen. Es handelte sich wohl um eine Art Erbschuld.

»Sie wollte nicht reden, aber sie durfte zumindest singen«, meinte Sophie. »Das hat ihr doch ausreichend Kraft gegeben, ihre schwere Last zu tragen und ihren Alltag zu meistern. Wir müssen auf dem Heimweg unbedingt Großmuttis Lieder singen.«

Mittags erreichten sie die gutbesuchte Schutzhütte. Alle Tische waren besetzt.

»Wo kommen die vielen Leute denn her?«, wunderte sich Sophie. »Wir sind doch nur ein paar deutschen Urlaubern begegnet.«

»Es gibt einen gemütlichen Weg von der anderen Seite des Berges herauf, aber er ist lang nicht so schön. Da fahren viele ein gutes Stück mit dem Auto über eine Schotterstraße bis zu einem Parkplatz und dann geht's zu Fuß ganz bequem noch ein Stündchen aufwärts. Dafür haben die Leute aber kaum etwas von dem herrlichen Panorama, wie wir es hatten.«

Anna würde nie den einfacheren Weg wählen. Sie liebte die Pfade inmitten der einsamen Bergwelt, wo man Murmeltiere pfeifen und Bergdohlen rufen hörte, wo Enzian und Akelei, Glockenblumen und Steinbrech wuchsen.

»Ich habe einen Bärenhunger. Dort drüben ist ein ebenes Plätzchen« , sagte Anna.

Sie ließen sich auf der Bergwiese nieder und holten aus ihren Rucksäcken die belegten Brote, hartgekochte Eier, Essiggurken, Tomaten und Karotten.

Nach dem Essen legten sie sich zufrieden nieder und während Anna und Sophie ein Weilchen ihre Augen schlossen, studierten die beiden anderen die Wanderkarte.

»Ich glaube, da drüben geht's rauf«, sagte Clara.

»Da rauf? So steil?« Elisa starrte entsetzt in die Höhe.

»Fragen wir den Wanderer. Der kommt von dort, denke

ich.« Clara war schon auf den Beinen und ging dem jungen braungebrannten Mann entgegen.

»Wie lang dauert's denn, bis man da oben ist?«

»Bis zu den Türmen eine gute Stunde. Aber es lohnt sich.« Sie bedankte sich und kehrte zu den anderen zurück.

Wenig später kletterten Anna und ihre Töchter über den felsigen Hang nach oben und hatten die Felsentürme schon in weniger als einer Stunde erreicht. Am Fuße der Türme tummelten sich Wanderer, die den Kletterern in der Wand zuschauten.

»Da ist ja was los!« staunte Sophie. Sie gesellten sich zu den anderen Leuten, die am Boden saßen und den Blick nicht von den Kletterern wandten.

»Verrückt«, sagte Anna.

»Mir würde das schon gefallen«, meinte Sophie.

Anna sah ihre älteste Tochter erschrocken an. »Bist du von allen guten Geistern verlassen? Weißt du, wie gefährlich das ist?«

»Es würde mich aber trotzdem reizen«, beharrte Sophie.

Anna beschloss, nicht näher darauf einzugehen. Clara wollte auch einmal einen Kletterkurs besuchen, aber dann war kein Platz mehr frei gewesen. So hatte sie sich zu einem Bauchtanz-Kurs angemeldet und bereute dies keineswegs.

Nachdem sie ein Weilchen zugesehen hatten, holte Anna Getränke aus ihrem Rucksack. »Trinkt, Mädchen, aber dann müssen wir weiter. Ich möchte nicht die Nacht hier oben verbringen. Außerdem muss ich morgen ja um 6 Uhr auf der Abteilung sein.«

»Wir sind immer noch auf der Rückseite des Berges. Laut Karte kommen wir zu einer weiteren Schutzhütte, dann geht es zum Klettersteig und von dort wieder ins Tal hinunter.«

»Wie lange ist der Sessellift eigentlich in Betrieb?« fragte Sophie.

»Bis 18 Uhr.« Clara hatte es auf dem Schild an der Bergstation gelesen.

»Das schaffen wir wohl nicht mehr, also müssen wir zu Fuß hinunter.«

»Das ist nicht gut für mein Knie. Es tut mir schon eine ganze Weile weh. Ich wollte nur nicht jammern.« Elisa war im letzten Winter operiert worden, weil sie sich beim Skifahren eine Knieverletzung zugezogen hatte.

»Warum hast du denn nichts gesagt?«, fragte Anna besorgt.

»Bisher ging es auch noch, aber es wird immer schlimmer.«

Anna holte die Wanderstöcke aus dem Rucksack und reichte sie ihrer Tochter.

»Wie blöd sieht denn das aus? Mit Stöcken gehen doch nur Erwachsene.«

»Du wirst sehen, dass sie sehr nützlich sind. Versuch's einfach.«

Elisa nahm die Stöcke an sich und Anna zeigte ihr, wie man sie benützte.

An der Schutzhütte machten sie keine Rast, sondern wanderten das letzte Stück zum Klettersteig hoch. Das Schild am Anfang des Steiges wies darauf hin, dass es ratsam war, sich mit einem Seil zu sichern und einen Helm zu tragen.

Anna erschrak. Sie wollte nicht alle in Gefahr bringen.

»Was machen wir jetzt?«, fragte sie ratlos.

»Das gilt sicher nur für unsportliche Leute. Wenn wir als kleine Kinder da runter sind, schaffen wir das jetzt auch«, beruhigte sie Sophie.

»Ich gehe mal voraus«, sagte Anna.

»Wir bleiben zusammen«, widersprach Sophie.

Doch Pit machte ihnen einen Strich durch die Rechnung. Er wollte nicht über den Klettersteig hinunter. Pit hatte Angst, richtig große Angst. Und er sperrte sich mit allen vieren gegen ein solches Abenteuer. Clara weinte fast, weil ihr der Hund so leid tat.

»Komm, Pit!« »Hierher Pit!« »Sei ein lieber Pit. Du brauchst keine Angst zu haben!« ,»Brav Pit.« Sie redeten dem Hund gut zu, zogen und zerrten an ihm, schoben und hoben ihn und kamen sehr mühsam Stück für Stück weiter.

Dann erreichten sie eine Leiter. Anna verließ der letzte Mut. Sie hatten Pit bis hierher mit Müh und Not gebracht, aber eine Leiter war ein unüberwindbares Hindernis für ihn.

»Was machen wir denn nur, Mami?« Sophie gab sich alle Mühe, sich ihre Angst nicht anmerken zu lassen.

»Es gibt zwei Möglichkeiten.« Anna holte tief Luft. Ihre Töchter würden weder mit dem einen noch mit dem anderen Plan einverstanden sein.

»Plan A: Pit muss in den Rucksack – und zwar in den von Elisa, weil sie den größten hat. Ich trage ihn dann über die Leiter hinunter. Oder Plan B: wir trennen uns, ihr geht mit Pit zurück zur Hütte, wo wir unser Mittagspicknick gemacht haben und geht von da ins Tal hinunter. Ich klettere alleine hier hinunter, und komme euch mit dem Auto holen. Ich weiß nur nicht, in welcher Ortschaft ihr runterkommt, wir hören uns per Handy und ihr sagt mir dann, wo ihr seid.«

»Du willst alleine den Klettersteig runter? Das lasse ich nie im Leben zu«, sagte Sophie. ». Ich begleite dich und die anderen können mit Pit gehen.«

»Ich will Pit nicht in den Rucksack zwingen.« Clara hatte Tränen in den Augen. »Schau mal, was für eine Angst er hat! Das ist Tierquälerei, Mami.«

»Ich würde es trotzdem versuchen.« Anna wollte nicht so schnell aufgeben. Ihr behagte der Gedanke nicht, ihre beiden Töchter alleine einen Weg runter ins Tal zu schicken, den sie nicht kannten. Wenn sich eine der beiden verletzte! Dann saßen sie womöglich irgendwo in der Dunkelheit fest. Ohne Lampe.

Clara streichelte Pit und redete ihm gut zu, während die anderen Elisas Sachen in den Rucksäcken verstauten. Ungefährlich waren solche Aktivitäten in schwindelnder Höhe jedenfalls nicht, dachte sie bange, aber sie äußerte sich nicht dazu. Ihrer Meinung nach spürte Pit, dass alle ein ungutes Gefühl hatten. Der Hund ist der Klügste von uns allen, fand sie.

»So, geschafft.« Anna sah Clara an. »Halt du jetzt den Rucksack auf, und wir drei versuchen nun, Pit da drin zu verstauen.«

Aber Pit ließ sich nicht in den Rucksack stecken. Immer wieder zog er mindestens ein Bein wieder heraus, bis sie aufgaben.

»Also Plan B«, kommentierte Clara.

»Ich schau mal, wie es nach der Leiter weitergeht.« Anna kletterte die Leiter hinunter. Ein Seil hätte wirklich nicht geschadet. Sie sah nach untern. Wenn man hier ausrutschte, war man verloren. Für immer. Da gab es keine Rettung mehr.

Sie war zum Glück schwindelfrei war und eine geübte Bergsteigerin, aber sie konnte sich gut vorstellen, dass hier oben manche Menschen Panik bekamen.

Nach dem nächsten Felsvorsprung kam sie wieder an eine Leiter. Auch wenn sie es geschafft hätten, Pit in den Rucksack zu stecken, hier hätte sie ihn nie und nimmer hinuntertragen können, ohne ihr eigenes Leben zu riskieren. Und sie würde auch Sophie auf keinen Fall diesen Weg nehmen lassen. Was für eine Idiotin war sie doch gewesen, nicht im Internet nachzusehen! Der Weg hatte sich in den letzten Jahren verändert, das war im Gebirge eben so. Steine konnte abbrechen, Geröll konnte einen Weg verlegen.

Anna kletterte die Leiter wieder hinauf zu ihren Töchtern und einem- so schien ihr- durchaus zufriedenem Hund. Es sah aus, als ob er lächeln würde, weil er verstand, dass aus dem Vorhaben nichts wurde.

»Da gehe ich alleine runter«, sagte Anna. »Für euch ist das zu gefährlich.«

»Für dich aber nicht, oder?« Sophie sah ihre Mutter empört an. »Ich will nicht, dass du alleine da runter gehst.«

»Wir machen es genauso, wie ich gesagt habe. Punkt.« Die Mädchen war der entschlossene Ton, den Anna anschlug, keineswegs neu. Sie wussten, dass ihre Mutter sich von nichts und niemandem abbringen lassen würde.

Trotzdem versuchte es Sophie noch einmal.»Mami, wenn du abstürzt...«

Anna unterbrach sie: »Trödelt bitte nicht, sondern geht zügig, damit ihr ins Tal kommt, bevor die Dunkelheit hereinbricht.«

Sie nahm ihren Rucksack. »Wir hören uns regelmäßig übers Handy. In Ordnung?« Sie sagte den Mädchen lieber nicht, dass sie keinen Empfang haben würde.

Die Mädchen machten sich mit Pit auf den Weg zurück zur Schutzhütte während Anna über den Klettersteig nach unten stieg.

Anna war schon des Öfteren alleine gewandert, aber nie ins Hochgebirge. Sie hatte sich noch nie so beeilt, einen Berg hinunterzukommen. Sie hatte keine Angst um sich, Angst, dass sie abstürzen könnte. Sie sorgte sich nur um ihre Töchter. Sie zwang sich zur Ruhe, sagte sich immer wieder, dass die Mädchen inzwischen erwachsen und seit ihrer frühesten Kindheit mit den Bergen vertraut waren. Immer wieder sah sie auf dem Display des Handys nach, ob sie vielleicht Empfang hätte, aber dem war nicht so. Nach einer halben Stunde holte sie ein paar junge Leute ein. Sie grüßten freundlich und nach einem kurzen Wortwechsel fragten sie, ob sie sich ihnen anschließen wollte. Anna bedankte sich erfreut, lehnte aber ab und erklärte ihnen auch ihre Gründe. »Ich habe es eiliger als ihr. Ich muss versuchen, rechtzeitig zur Bergstation zu kommen.«

»Das schaffst du nicht mehr. Du musst zu Fuß runter, aber du kommst trotzdem locker vor Einbruch der Dunkelheit zum Parkplatz«, beruhigte sie einer der jungen Männer. »Wir sind von hier und kennen uns aus.«

»Ich muss es aber nicht nur bis zum Parkplatz schaffen,

sondern auch noch zu meinen Kindern. Sie haben keine Taschenlampe dabei und ich möchte nicht, dass sie irgendwo im Dunkeln herumsitzen.«

Die jungen Wanderer sahen Anna verständnisvoll und mitfühlend an. Das tat ihr wohl. Der Berg verändert die Menschen, dachte sie wie so oft. Wenn man sich auf einer Wanderung traf, grüßte man sich, tauschte ein paar Worte oder Eindrücke aus und das Schicksal der anderen war einem nicht gleichgültig, sondern man fühlte sich füreinander verantwortlich.

Da traf ein SMS von Clara ein. »Bei uns alles bestens. Bei dir, Mami? Sei vorsichtig.«

»Bei meinen Kindern ist alles in Ordnung«, sagte sie erleichtert, während sie auf Claras SMS antwortete. »Aber ich muss jetzt weiter. Tschüss und guten Abstieg weiterhin.«

»Dir auch alles Gute. Tschüss.«

Anna kam in der Dämmerung an den Parkplatz. Während sie auf ihr Auto zulief, rief sie Sophie an. Diese teilte ihr den Ort mit, wo sie angelangt waren. »Lass dir Zeit, Mami. Wir haben ja Pit bei uns, der auf uns aufpasst.«

Nach ungefähr 40 Minuten fuhr Anna durch das einsame Dörfchen, dessen Namen Sophie ihr genannt hatte. Sie war erleichtert, als sie alle auf den Stufen der Kirche im schwachen Lichtschein einer Straßenlaterne sitzend erblickte. Ihr fiel ein Stein vom Herzen. Sophie sprang auf und fuchtelte mit den Armen, als Anna auf sie zufuhr. Ich sehe euch ja, sagte Anna leise und lächelte. Und ich bin so froh, dass ihr alle wohlbehalten da sitzt.

Als sie durchs Tal hinausfuhren, sagte Clara plötzlich: »Wir haben noch nicht für Großmutti gesungen, aber ich bin einfach so müde.« Sie saß hinten neben Elisa und hatte ihren Arm um die Schwester gelegt.

»Ich bin auch zu müde zum Singen«, kam es von Elisa. »Kannst nicht du uns was vorsingen, Mami?«

»Ich singe mit dir«, sagte Sophie. Sie war noch erstaunlich munter. Sophie hatte immer mehr Energie als alle anderen. Anna stimmte das erste Lied an und ihre älteste Tochter sang kräftig mit.

»Guter Mond, du gehst so stille durch die Abendwolken hin…«

Als Anna einen Blick nach hinten warf, stellte sie fest, dass Clara und Elisa schon schliefen. Sie warf Sophie einen Blick zu und lächelte.

»Deine Schwestern haben schlapp gemacht. Möchtest du weitersingen?«, fragte sie.

»Ja, alle Abendlieder, die wir kennen. Für Großmutti und Urgroßmutti. Und Opa. Sie haben uns da oben beschützt.«

Anna wurde warm ums Herz. Welch großartiger Mensch war Sophie!

Greta Brunner

Die zweite Chance

Anna wachte schon um 6 Uhr auf und fühlte sich erstaunlicherweise vollkommen ausgeruht. Dabei war sie am Abend zuvor so hundemüde gewesen, nicht einmal mehr imstande, ein paar Seiten ihres Buches zu lesen. Es dröhnte ihr der Kopf und die Augen brannten, und es war noch nicht einmal 21 Uhr gewesen. Außer den vielen Überstunden, die sie leisten musste, hatte sie sich auch so intensiv mit Claras Arbeit und allem, was damit zusammenhing, beschäftigt. Mit Deutschlands Geschichte. Sie hatte so viele Nächte schlecht geschlafen und schreckliche Albträume gehabt.

Zum Glück hatte sie heute einen freien Tag und so wollte sie sich den Wunsch erfüllen, den sie seit langer Zeit jeden Tag hatte, wenn sie mit dem Fahrrad zum Krankenhaus zur Arbeit hinüber fuhr. Einmal wollte sie schon früh am Morgen hinaus an den Waldsee, um die Natur in aller Ruhe zu genießen. Sie musste Abstand gewinnen und die beiden Hunde würden ihr dabei helfen. Sie würde Pit und Elli, die zu Besuch bei ihnen war, mitnehmen. Ihr Bruder Ulli brachte seine Hündin immer zu ihr, wenn er verreiste. Wo war sie auch besser aufgehoben als bei Anna? Zur Zeit verbrachte er seine Flitterwochen in den USA. Er hatte zum zweiten Mal geheiratet, nachdem seine erste Ehe gescheitert war, aber er war seinen drei Kindern trotzdem ein sehr guter Vater. Anna gönnte ihm sein Glück von Herzen.

Sie holte die Hundeleinen und öffnete den Kofferraum. Die beiden Hunde ließen sich nicht lange bitten und sprangen hinein. Sie schienen es kaum erwarten zu können, einen Spaziergang zu machen. Anna fuhr den Wiesenweg entlang und bog dann in die Hauptstraße ein. Immer wieder warf sie einen Blick in den Rückspiegel um die Hunde zu beobachten.

Pit war ein ungewöhnlich schöner, goldbrauner Setter, Elli eine eigenartige Promenadenmischung mit einem sehr wachen Blick, und keineswegs weniger liebenswert.

Nicht einmal zehn Minuten später hatten sie den Wald erreicht. Der Mischwald zeigte sich heute in der Morgensonne von seiner besten Seite. Es herrschte kaum Verkehr und so kam Anna nach weiteren zehn Minuten zügiger Fahrt an den Parkplatz. Sie musste die Hunde an die Leine nehmen, bis sie ein Stück von der Straße entfernt waren. Dann ließ sie sie los und die beiden sausten mit fliegenden Ohren in den Wald hinein, die Hügel hinauf und hinunter, auf dem Waldweg zu ihr zurück und dann wieder in den Wald hinein. Man konnte ihre Lebensfreude direkt sehen. Anna blieb auf dem Weg und ließ sie laufen, sich austoben. Fast beneidete sie die beiden. Wie schön wäre es, so leichtfüßig über Stock und Stein laufen zu können! Büsche, Bäume, Wurzeln, Steine, dichtes Gestrüpp stellten für die beiden Hunde keine unüberwindbaren Hindernisse dar, konnten ihren Schwung nicht bremsen.

Anna vernahm den ersten Kuckucksschrei und musste lächeln. *Kuckuck, Kuckuck ruft's aus dem Wald. Lasset uns singen tanzen und springen. Frühling, Frühling wird es nun bald.* Es war ihr, als könne sie die Stimme ihrer Mutter hören. Wie viel hatte diese Frau nur gesungen! Und wie viele Lieder gekannt! Ihre Mutter hatte gesungen und ihr Vater hatte geschrieben. Er hatte die deutsche Sprache geliebt, ihr sein ganzes Leben gewidmet und sie beherrscht wie kaum jemand anderer hier im Land. Er hatte geforscht, gesammelt und geschrieben. Meist Bücher, die Anna gar nicht verstehen konnte und Gedichte, die Anna noch weniger verstand. Es war für ihn frustrierend gewesen, diese *großartige* Sprache in einem Land unterrichten zu müssen, wo das Interesse der Schüler meist fehlte.

Anna selbst hatte schon mehrere Versuche gemacht, ein Gedicht über die Natur zu schreiben, aber es war ihr nicht gelungen. Weiter als bis zum Cluster war sie nicht gekommen. *Wald, Kuckucksruf, See, Moos, Efeu, Erdbeerblüten, Sonnenstrahlen, Vogelgesang, Löwenzahn, Leberblümchen, Duft nach Holz und Erde.* Jeder hat eben andere Talente, sagte sie sich schließlich, und Gedichte schreiben gehörte eindeutig nicht zu den ihren.

Nun waren Anna und die Hunde am Waldsee angelangt und die beiden Tiere stürzten sich freudig ins Wasser. Während Elli ein bisschen vorsichtiger am Rande des Sees blieb, schwamm Pit schon in der Mitte. Das Bad dauerte nicht lange, und wenig später liefen die beiden schon wieder kreuz und quer durch den Wald.

Deutsche Urlauber kamen des Weges. Sie lachten über die ausgelassenen Hunde und freuten sich mit ihnen. Es tat Anna gut, dass die Leute sie so freundlich grüßten. Man sah es ihnen an, dass sie den Urlaub hier genossen, dass ihnen die schöne Landschaft gefiel.

Sie mochte deutsche Urlauber und fühlte sich zu ihnen hingezogen, was wohl auch an der Sprache lag. Sie verwendeten Worte, die man hierzulande nie hörte. Sie drückten sich klarer, treffender aus. Anna und ihre Landsleute hingegen mussten zwei Sprachen beherrschen, und somit war ihr deutscher Wortschatz beschränkter.

In der Ferne hörte Anna plötzlich Donnergrollen und sah zum Himmel. Sie hatte gar nicht gemerkt, dass sich schwarze Wolken über ihr ballten, weil sie so in Gedanken versunken war. Sie war sehr weit gegangen, der See lag inzwischen ein Stück unter ihr, und weit und breit war keine Menschenseele mehr zu sehen. Auf dem einsamen Pfad ober dem See traf sie selten jemanden an, wahrscheinlich fanden nicht mal die deutschen Urlauber diesen Weg, die ja sonst jedes Schlupfloch der Welt fanden. So sagte man zumindest hierzulande. Und die Spaziergänger, mit denen sie vorhin am See ein paar Worte gewechselt hatte, waren wohl rechtzeitig umgekehrt und schon in ihrem Hotel angelangt.

Die ersten schweren Tropfen fielen schon und es dauerte auch nicht lange, da regnete es in Strömen. In Nu war Anna klatschnass. Sie bemerkte, dass Elli nun neben ihr lief. Das Hündchen, das die meiste Zeit ihres Lebens im Haus verbrachte, war nicht so unbekümmert wie Pit, dem der Regen nichts auszumachen schien. Pit lief immer noch im Wald mal einen Hügel hinauf, dann wieder hinunter, mal war er vor Anna, dann wieder dahinter, und manchmal kam er mit fliegenden Ohren auf sie zugeschossen. Pit war kein Hund, der bei Fuß ging. Er war freiheitsliebend, temperamentvoll, ein vollkommen unerziehbarer Hund, sagte Clara immer. Anna beschloss, nicht denselben Weg zurückzugehen, sondern einfach gerade hinunter zum See zu klettern. Sie rutschte immer wieder auf dem Moos und dem welken Laub auf dem Waldboden aus und musste sich an den Ästen der kleinen Bäume festhalten.

Auch Elli neben ihr hatte einige Schwierigkeiten, doch sie kamen schließlich wohlbehalten unten am Ufer des Sees an. Nur Pit war nirgends zu sehen. Anna stöhnte. Dass er immer irgendwelche Extratouren unternehmen musste, sogar bei strömendem Regen! Sie rief ihn, aber er ließ sich Zeit. Sie rief ihn wieder, diesmal lauter und ungeduldiger, aber der Bengel zeigte sich nicht. Sie sah nach oben, erwartete sich, dass er zwischen den Bäumen auftauchte und auf sie zuschoss. Sie rief ihn wieder und wieder, ihre Stimme wurde lauter und immer besorgter. Hatte sich ihr Liebling denn verlaufen, womöglich gar verletzt? Das war noch nie passiert, Pit verirrte sich doch nicht! Er hatte wohl nicht gemerkt, dass sie mit Elli den Hang abgestiegen sind. Wer weiß, wo er sich jetzt umtrieb.

»Elli, wir müssen ein Stück zurück, vielleicht hört er uns nicht.« Sie stapfte den Hang wieder hinauf, was noch schwieriger war als der Abstieg. Elli blieb dicht bei ihr. Das Tier spürte wohl, dass sie der Verzweiflung nahe war. Anna schrie sich fast heiser. Man konnte doch keinen Hund verlieren! Wenn es nur nicht so schütten würde!

Da! Plötzlich stand er zwischen den Bäumen und sah sie mit großen Augen an. Anna glaubte Angst und Schrecken in seinem Blick zu lesen. »Pit!«, schrie sie und lief ihm entgegen. Der Hund schleppte sich ihr vollkommen erschöpft die letzten Meter entgegen. Sie drückte ihn voller Mitleid an sich und küsste sein braunes Fell. Pit ließ sich auf den Boden plumpsen und hechelte. Anna hockte sich zu ihm. Auch Elli, die danebenstand, wirkte erleichtert.

»Ach du Dummerchen, wo warst du denn? Wo bist du denn nur hingelaufen?«‚fragte Anna immer wieder und kraulte Pits nasses und schmutziges Fell. Sie ließ ihm Zeit, damit er sich erholen konnte. Es dauerte nur ein Weilchen, dann sprang er wieder auf.

»Bist du wieder fit?« , lachte Anna glücklich. »Dann kann es heimwärts gehen. Meine Güte, werdet ihr beiden im Auto stinken! Aber das macht mir heute gar nichts aus. Ich bin einfach so froh, dass ich dich wieder habe.«

Als sie den Parkplatz erreichten, war es schon fast 12 Uhr mittags. Anna hatte ihren Töchtern ein ordentliches Mittagessen versprochen und nun würde sie sich beeilen müssen. Sie war mittags nie daheim und kochte daher nur abends. Elisa würde bald von der Schule kommen und Clara war sicher froh, wenn sie im Arbeiten unterbrochen wurde. Das Mädchen war in letzter Zeit sehr blass, was kein Wunder war, weil sie ja kaum an die frische Luft kam.

Als sie in den Hof fuhr, hatte der Regen nachgelassen und Clara kam ihr entgegen. Anna konnte sehen, wie aufgeregt sie war.

»Zum Glück bist du jetzt da. Papi spinnt schon den ganzen Vormittag.«

Schon wieder, dachte Anna. Ihre gute Laune war wie weggeblasen und der Knoten im Magen war wieder da. Wie lange würde das nur noch andauern? Seit Tim berufliche Sorgen hatte, litt die ganze Familie unter seiner schlechten Laune.

»Ich muss nur schnell unter die Dusche, weil ich nass und vollkommen verdreckt bin«, erklärte sie mit schlechtem Gewissen.

Anna beeilte sich im Bad und bereitete mit Clara dann das Mittagessen zu. Es dauerte nicht lange, als Tim die Küche betrat. Anna sah ihm sofort an, wie gereizt er war. Er wird verrückt, dachte sie. Bald ist er reif für die Psychiatrie, wenn er seine Probleme an seinem Arbeitsplatz nicht in den Griff kriegt. Und da donnerte Tim auch schon los und spuckte Gift und Galle.

Anna und Clara starrten ihn sprachlos an.

»Ich bin *nur* Geometer, meine Mutter war ein Leben lang *nur* Hausfrau und hat sich um uns Kinder und um ihre Hennen gekümmert, während mein Vater *nur* in seinem kleinen Lieferwagen Spirituosen transportiert hat. In unserer Familie gab es *keine* Professoren, *keine* außergewöhnlichen Menschen. Es gibt *keine* Bilder von ihnen und auch *keine* Büsten, sondern nur unbedeutende Fotos. Sie sind nicht einmal in ein Album geklebt, sondern nur irgendwo in einem Schuhkarton aufbewahrt werden. Meine Eltern können gerade mal lesen und schreiben und nicht einmal das besonders gut. Sie beherrschen keine andere Sprache außer ihrer eigenen und haben von der Welt gar nichts gesehen. Aber deswegen sind sie keine schlechteren Menschen als deine Familie, Anna!« Er stand so ruckartig auf, dass sein Stuhl umfiel und verließ die Küche.

Tims Ausbruch verletzte Anna. Clara sah die Tränen in den Augen ihrer Mutter und umarmte sie. »Ach Mami! Das war gemein von ihm! Das war echt gemein!«

»Ich habe nie schlecht von seinen Eltern geredet. Ich habe sie nie kritisiert.« Anna konnte einen Schluchzer nicht unterdrücken.

Clara streichelte sanft über ihren Rücken.

»Nein, das hast du nicht. Aber Papi verträgt zur Zeit wohl

nicht, dass wir uns mit unserer Familiengeschichte befassen. Es wurmt ihn wohl, dass es so viele Alben gibt, Großmutti hat sich wirklich sehr bemüht, Fotos aus ihrer und aus eurer Kindheit zu sammeln und die Alben liebevoll zu gestalten. Wie viel Zeit hat sie wohl für die schönen Texte investiert? Sie hat eure gesamte Kindheit dokumentiert und illustriert. Anhand ihrer Beschreibungen könnte ich alle Wanderwege finden, die ihr als Kinder gemacht habt. Eure Familienalben sind wahre Bilderbücher!«

»Was hat ihn denn heute so verärgert? Hat es ihn gestört, dass ich mit den Hunden einen Ausflug gemacht habe?«

Clara schüttelte den Kopf. »Nein, er hat auf meinem Schreibtisch das Foto mit der Büste von deiner Großmutti gesehen. Das hat das Fass wohl zum Überlaufen gebracht.«

Anna erkannte Tim nicht wieder. Er war meist unausstehlich geworden und ließ dann an niemandem ein gutes Haar. Anna konnte sich noch so bemühen, abwechslungsreich und schmackhaft zu kochen, es war ihm gar nichts recht. Tim räumte nicht mal mehr seinen Teller in die Spülmaschine, er stöpselte seine Weinflasche nicht zu, warf seine Serviette nach dem Essen einfach auf den Tisch. Wann hatte Tim das letzte Mal die Küche aufgeräumt, sich um den vollen Mülleimer gekümmert, wann das letzte Mal eingekauft? Es schien ihn alles nichts mehr anzugehen. Seiner Meinung war er aufgrund seiner Probleme für alles entschuldigt. Seine Familie, deren Sorgen und Freuden und der Haushalt gingen ihn nichts mehr an. Die ganze Freizeit verbrachte er auf der Couch vor dem Fernseher.

Anna trug sich seit einigen Jahren zu Weihnachten, zu Ostern und an jedem Wochenende zum Dienst ein, um ihm aus dem Weg zu gehen. Lieber hatte sie einen freien Tag unter der Woche, wenn Tim bei der Arbeit war und sie in Ruhe ließ. Am Sonntag unternahmen sie sowieso nichts mehr und Anna hatte keine Lust an einem freien Tag vom Fenster aus zum blauen wolkenlosen Himmel starren zu müssen. Dass Anna trotz ihres Alltagsstresses immer guter Laune und erfolgreich war, ergrimmte ihn. Am meisten aber ärgerte es ihn, wenn sie mit ihren Töchtern Spaß hatte und sich in letzter Zeit so intensiv mit Clara beschäftigte.

Als Elisa heimkam, aßen sie ohne Tim, der sich in sein Arbeitszimmer verzogen hatte. Nun hatte auch Elisa nur noch derbe Ausdrücke für ihren Vater übrig und riet ihrer Mutter, sich von ihm zu trennen.

»So geht es nicht weiter. Ich halte das nicht mehr aus. Morgen habe ich einen Test und muss noch lernen. Wie soll ich mich denn konzentrieren können?«

»Du kannst dich ja nie konzentrieren.« Als angehende Professorin störte es Clara, dass ihre Schwester so faul war und oft schlechte Schulnoten bekam.

Elisa warf ihr einen ärgerlichen Blick zu, verließ die Küche und sperrte sich in ihr Zimmer ein.

»Das hättest du dir jetzt sparen können«, sagte Anna.

Clara zuckte mit den Schultern.

»Wenn er nicht wegen seiner Arbeit so frustriert wäre, würde ihm das alles gar nichts ausmachen, dass wir uns so intensiv mit meiner Arbeit beschäftigen. Wir müssen es in nächster Zeit unterlassen, bei Tisch darüber zu reden.«

Tims Laune blieb auch in den nächsten Monaten miserabel und Anna suchte nach einer Mietwohnung für sich und ihre Töchter.

Das Haus und alle dazugehörenden Grundstücke gehörten Tim, sogar die Tiere waren auf seinen Namen registriert.

Anna fand eine Wohnung in der Altstadt, die nicht allzu teuer war und unterschrieb den Mietvertrag. Für Tim stürzte eine Welt ein, als er davon erfuhr. Er hätte sich nie erwartet, das Anna zu einem solchen Schritt fähig war. Er flehte sie an, er bettelte sie, sich alles noch mal zu überlegen, und er schwor ihr weinend, sich ab sofort zu ändern. Für Anna kam

Tims Reaktion völlig unerwartet, und es ging ihr sehr nahe. Sie mochte Tim ja immer noch, aber sie wusste nicht, ob sie seinen Worten Glauben schenken konnte und er sich wirklich ändern würde. Sie war mutlos und erschöpft von dem ewig schlechten Klima daheim und blieb bei ihrer Entscheidung.

Das Übersiedeln war sehr strapaziös, weil Anna sich nicht einmal einen Tag frei nehmen konnte. Außerdem hatte sich im Laufe der Jahre so viel im Haus angesammelt, was sie nicht mitnehmen konnten, weil die Wohnung zu klein war. So musste sie sich von vielem trennen, an denen ihr Herz hing. Die Schulhefte der Mädchen, die Babykleidung, das Bastelzeug und ihr Seidenmalrahmen wanderten in den Müll und die Spielsachen, die Gesellschaftsspiele, die Kinderbücher und – filme brachte sie ins Kinderheim.

Es konnte ihr auch niemand die Rennerei auf die Ämter abnehmen, um den Wohnsitz auf dem Personalausweis und dem Führerschein zu ändern, sie musste auch auf Bank, Post und Krankenkasse Bescheid geben. Anna kümmerte sich um Strom, Müll und Wasser und um Internet-und Telefonanschluss. Zum Glück gab es ihren Bruder Ulli, der sie finanziell unterstützte, denn sie brauchten ja Möbel, Lampen und Vorhänge. Weil das Geld nicht reichte, schickte Anna Clara los, einen Teil ihres Schmuckes und den Silberschmuck ihrer Großmutter zu verkaufen. Sie selbst brachte es nicht übers Herz. Mit dem Erlös bezahlte sie dann die neue Wohnzimmercouch und ein Fernsehgerät. Annas Hochzeitskleid war nicht mehr viel wert, es war schon lang außer Mode, denn niemand trug mehr hochgeschlossene Kleider, aber sie bekam in einem Geschäft für Fasching-und Theaterkostüme so viel, dass sie sich günstige Vorhänge für das Mädchenzimmer leisten konnte.

Das Zimmer der Mädchen war der größte Raum in der Wohnung, aber sie waren es nicht gewöhnt, ein Zimmer miteinander zu teilen, und daher gab es ständig Auseinandersetzungen. Clara musste sich konzentrieren und Elisa wollte laut Musik hören und mit ihren Freunden telefonieren. Es war für Anna zum Aus-der-Haut-fahren.

Anna versuchte sich einzureden, dass die Altstadt durchaus auch schöne Seiten hatte. Die engen Gassen waren wirklich sehr hübsch, die Geschäfte boten alles, was das Herz begehrte, vorausgesetzt, man hatte genügend Geld. Es gab jede Menge Lokale, wo man trinken und essen und sich gegenseitig Gesellschaft leisten konnte, aber auch dafür benötigte man wieder Geld. Aber Anna war sowieso nicht in der richtigen Stimmung, um mit Freunden abends auszugehen oder mit anderen Leuten Bekanntschaft zu schließen.

In der Nähe ihrer Wohnung befand sich der Aufstieg zur Bergpromenade und von dort oben hatte man abends einen wunderschönen Ausblick auf das Lichtermeer der Stadt. Manchmal stieg Anna die alten Treppen und den schmalen Weg zur Promenade hinauf, aber es war traurig, alleine auf die Stadt sehen zu müssen. Die Tatsache, dass auf den Bänken neben ihr Paare saßen, die leise miteinander sprachen und lachten, verstärkte ihr Gefühl der Einsamkeit. Wenn Tim sich nur nicht so verändert hätte!

Bis auf den Vorteil, direkt unter der Haustür einkaufen zu können und nicht jedesmal mit dem Fahrrad ein paar Kilometer zu fahren wie bisher, gab es für Anna nur Nachteile. Es gab rund ums Haus keinen Garten mit Bäumen, in denen Vögel zwitscherten, sondern nur Asphalt. Die frischgewaschene Wäsche flatterte nicht mehr im Wind auf der Leine im Garten, sondern musste teils in der Wohnung, teils auf dem engen Balkon aufgehängt werden, auf welchen den ganzen Tag keine Sonne schien. Die Fenster isolierten schlecht, sodass man den Motorenlärm und das Hupen von der Straße herauf hörte. Aus den anderen Wohnungen drangen Fernsehlärm und laute Stimmen, und alle Bewohnerinnen des Hauses schienen Stöckelschuhe zu tragen und mitten in der Nacht erst heimzukommen. Aus der Nachbarwohnung, in der eine alte, schwerhörige Dame wohnte, ertönte Alexandras Song *Im sechsten Stock*. Anna konnte sich erinnern, wie ihre Mutter bei diesem Lied immer laut mitgesungen hatte und es war ihr vollkommen egal gewesen, wenn ihr Mann sie deshalb aufzog. *Solche Schnulzen* hatte er gesagt, *das halte ich nicht aus. Im sechsten Stock hab ich mein Zimmer, im sechsten Stock bin ich zuhause,* sang Alexandra weiter. Anna seufzte. Nach den wenigen Wochen lagen ihre Nerven blank, weil sie zu wenig schlief. Sie weinte vor Verzweiflung. *Der Hof nach hinten ist grau und kalt und in der Ecke für den Müll staut sich der Schmutz... und wenn man nachts bei jedem kleinen Ton fast aus dem Bett fällt, weil der Nachbar einmal niest...*So nicht. In einer so lauten Umgebung konnte sie nicht leben. Sie war wohl zu verwöhnt. Tim hatte sie zu sehr verwöhnt.

Das Geld schien einfach immer knapp zu sein. Anna hatte sich einfach vollkommen verschätzt. Sie erklärte Elisa und Clara, dass sie günstigere Kleidung kaufen mussten und auch versuchen mussten, beim Essen ein wenig zu sparen. Es gab keine teuren Gerichte mehr, dafür mehr Kartoffeln und Nudeln. Theater und Konzerte konnten sie vergessen, ebenso das wöchentliche Pizza-Essen.

Aber es war nicht nur das Haus und das Geld, das ihr fehlte. Es waren auch die Tiere, die sie bei Tim gelassen hatten, weil es ihnen dort im großen Garten sicherlich besser ging als in einer engen Wohnung. Tim fehlte ihr. Sehr sogar. Aber daran war jetzt nichts mehr zu ändern. Sie hatte ihn verlassen und würde ihr Leben ohne ihn weiterleben. Nie wieder wollte sie seine schlechte Laune ertragen müssen.

Nun war aber Elisa ständig mürrisch, weil sie das Zimmer mit ihrer Schwester teilen und weil sie manchmal warten musste, bis das einzige Badezimmer frei war. Zum Glück lebte Sophie nicht mehr bei ihnen, sonst wäre es noch enger gewesen.

Sophies tägliche Besuche blieben auch jetzt nicht aus. Sie und Clara bemühten sich, ihre Mutter zu trösten. Sie verbrachten mehr Zeit als je zuvor mit ihr und hörten ihr stundenlang zu. Und sie machten sich große Sorgen um Anna, weil sie bemerkten, dass diese an Gewicht und Energie verlor. Anna hatte einen so anstrengenden Beruf, dass sie ihre letzte Kraft aufbringen musste, um ihre Arbeit halbwegs gut zu machen.
Aber es machten sich nicht nur die beiden so große Sorgen um sie, sondern auch das gesamte Pflegeteam. Keiner wagte es zu sagen, aber alle hofften auf ein Happy End.
Die Osterzeit war für Anna besonders schlimm. Sie vermisste die blühenden Palmen, den Flieder, die Tulpen und Narzissen in ihrem Garten. In diesem Jahr versteckte sie die Ostereier für die Mädchen im Haus und nicht wie sonst in den Bäumen, Büschen und im hohem Gras. Sie verzichtete auf den Osterstrauß, weil die Bodenvase keinen Platz im Wohnzimmer hatte. Es war einfach niederschmetternd. Die Wohnung war eng, dunkel und der Frühling wurde ausgesperrt. Wie es wohl bei vielen Menschen der Fall war, sagte Anna sich, aber sie hatte noch nie in der Stadt gelebt und musste sich erst daran gewöhnen.
Und doch erwachten irgendwann wieder die Lebensgeister in ihr und es stellte sich wieder ein bisschen Lebensfreude ein. Plötzlich hatte Anna das gute Gefühl, dass sich alles wieder einrenken würde. Vielleicht hing es damit zusammen, dass sie endlich wieder auf dem Grab ihrer Mutter draußen auf dem Dorffriedhof gewesen war und lange Zeit dort verbracht hatte. Ganz alleine, am Boden sitzend. Die Menschen, die die Gräber pflegten, ließen sie in Ruhe. Sie kümmerten sich um die Blumen auf den Gräbern und plauderten miteinander übers Wetter und das Dorfgeschehen.
Es war ein herrlicher Tag und auf der Abteilung war es ruhig. So konnte Anna schon früher von der Arbeit heimgehen.

Das Krankenhaus lag außerhalb der Stadt, mitten im Grünen. Wie schön war es, auf dem Heimweg durch die blühenden Weingärten zu radeln! Sie fuhr an ihrem ehemaligen Zuhause vorbei und warf einen sehnsüchtigen Blick in den blühenden Garten. Als sie in die laute und schmutzige Stadt kam, erschien ihr diese heute sogar weniger deprimierend Anna hatte keine Lust, den Nachmittag in der dunklen Wohnung zu verbringen. Sie musste unbedingt raus ins Grüne. Dringend! Und sie würde Tim anrufen und ihn bitten, ob sie Pit mitnehmen dürfe. Sophie und Clara hatten heute keine Zeit und Elisa war bockig, weil vor dem Haus kein Platz für ihr Moped vorgesehen war und sie es immer am andern Ende der Straße abstellen musste.

Anna nahm allen Mut zusammen und rief Tim an.

»Natürlich kannst du Pit haben«, sagte er sofort und bemühte sich, seine Stimme nicht zu erfreut klingen zu lassen. Im Büro konnte er nie lange reden und musste in Anwesenheit anderer auf Wortwahl und Ton achten. Tim hatte eine schöne tiefklingende Stimme und er konnte gut reden und Kunden überzeugen.

» Der Schlüssel zum Tor liegt immer noch an derselben Stelle.«

»Danke«, sagte sie. Sie schwieg vor Verlegenheit.

»Vielleicht sehen wir uns ja, wenn du Pit zurückbringst.« Es klang wie eine Bitte.

»Ja, das würde mich freuen.«

»Wirklich?«

Sie ging nicht auf seine Frage ein. »Tschüss dann,« sagte sie einfach und klappte ihr Handy zu.

Ihr Herz hüpfte aber vor Freude. Es würde ganz sicher alles wieder gut werden. Sie packte den Rucksack und lief zum Auto. Dann fiel ihr ein, dass sie den Schreibblock und den Kugelschreiber vergessen hatte und lief noch einmal die Treppen zur Wohnung hinauf.

Clara sah von ihrer Arbeit auf. »Was ist los? Hast du es dir anders überlegt?«

»Nein, keine Sorge, ich wollte nur etwas zum Schreiben holen. Ich fange heute mit meinem ersten Brief an.«

»Du machst was?«

»Ich habe dir doch gesagt, dass ich an Tante Monika keine E-Mails mehr schreiben werde sondern nur richtige Briefe.«

Clara sah ihre Mutter skeptisch an. *Mit dem Alter wird man eben wunderlich*, entschuldigte Anna alte Menschen immer. Aber nun schien sie selbst wunderlich zu werden. Hoffentlich renkte sich die Sache mit den Eltern bald ein, dachte Clara. Keiner konnte ohne den anderen leben, das sah ja ein Blinder! Nur schade um das viele Geld, das der Auszug von daheim gekostet hatte. Aber Hauptsache, Vater kam zur Vernunft und behandelte Anna wie früher. Anna würde ihm alles verzeihen, denn sie glaubte immer ans Gute in jedem Menschen und gab immer allen eine neue Chance. Sie konnte jeden Tag ein neues Kapitel anfangen.

»Dass du richtige Briefe schreiben willst, hast du vor *Monaten* gesagt. Ich habe nicht mehr daran geglaubt.«

Clara sah ihre Mutter voller Tatendrang und Lebenslust und war erleichtert. Sie war wieder aktiv, auch wenn es vorerst nur ums Briefeschreiben ging.

Zum Glück herrschte wenig Verkehr und es dauerte nicht lange, bis Anna an den Stadtrand kam. Als sie in den Wiesenweg einbog und auf ihr ehemaliges Zuhause zufuhr, verspürte sie großes Heimweh. Wie viele schöne glückliche Jahre hatte sie in diesem Haus verbracht!

Pit freute sich, als sie kam. Er sprang an ihr hoch und warf sie beinahe um. Er schien sein Glück kaum fassen zu können. Anna hielt Ausschau nach den Katzen, aber sie zeigten sich nicht. So öffnete sie den Kofferraum ihres Autos und Pit sprang hinein. Wie sehr ihr das Tier gefehlt hatte und wie sehr ihr die Wanderungen mit ihm gefehlt hatten! Der

Kirschbaum am Tor trug schon reife Früchte und die Spatzen bedienten sich. Auch Anna nahm sich ein paar von den Kirschen. Pit bellte ungeduldig und sie beeilte sich ins Auto zu springen und loszufahren. Anna fuhr hinaus an den See, der nur eine Viertelstunde von hier lag. Wenn man zügig wanderte, war es von dort nur eine gute Stunde zur Burgruine. Musik tönte aus dem Radio und Anna sang laut mit.
...ein Märchen aus uralten Zeiten, das kommt mir nicht aus dem Sinn...«
Die Mohnblumen grüßten vom Straßenrand, und Anna dachte daran, dass Mohnblumen Tims Lieblingsblumen waren. In Tims Arbeitszimmer hing ein wunderschönes Mohnblumenbild. Sein Freund Edoardo hatte es eigens für ihn gemalt. Edoardo. Wie lange hatte Anna ihn schon nicht mehr gesehen! Früher kam er regelmäßig zu Besuch, zeigte ihnen Bilder, die er gemalt und Songs, die er geschrieben hatte. Anna wurde erst jetzt bewusst, dass sie in den letzten Jahren niemals Gäste gehabt hatten, sogar die beliebten Grillfeste im Sommer waren ausgefallen. Nur die Freunde ihrer Töchter waren weiterhin im Haus ein- und ausgegangen wie immer. Natürlich kam niemand mehr zu Besuch, weil es Spannungen in der Familie gab. *...kämmt ihr goldenes Haar, sie kämmt es mit goldenem Kamme und singt ein Lied dabei.«* Über dem grünen See, der heute spiegelglatt dalag, thronte die Burg. Von dort oben hatte man eine herrliche Aussicht auf das ganze Land rundum und an klaren Tagen bis zu den Berggipfeln jenseits der Landesgrenze. Anna bog von der Staatsstraße ab und fuhr auf dem schmalen Weg weiter. Dieser Teil des Landes war wie ein Garten. Am Rande der Weinberge wuchsen auch hier leuchtend rote Mohnblumen und rote und weiße Rosensträucher.
»..verschlingen am Ende noch Fischer und Kahn. Und das hat mit ihrem Singen die Lorelei getan.«
Anna war am Parkplatz angekommen und ließ Pit aus dem Kofferraum, der gleich im Wald verschwand. Sie zog ihre

Wanderschuhe an, nahm den Rucksack und die Hundeleine und folgte dem Hund über den Pfad. Ein intensiver Holunderduft umfing sie. Auf dem Rückweg würde sie ein paar Blüten pflücken und zuhause Saft damit machen. Der Pfad war kaum begangen, hier hatte die Natur viel Platz. Obwohl der Wald so nahe an der Stadt lag, konnten sich alle Pflanzenarten entfalten und wucherten dermaßen, dass der Weg an manchen Stellen beinahe zugewachsen war. Wie grün es hier war! Anna genoss den Anblick von Moos, Efeu, Farn, der Gräser und des Blätterwerkes von Büschen und Bäumen. Bienen, Käfer und Fliegen summten und brummten um sie herum, in den Bäumen zwitscherten die Vögel und nicht weit von ihr rief ein Kuckuck. Ansonsten war es still, wenn man von den Geräuschen absah, die Pit verursachte, der wieder kreuz und quer durch den Wald lief. Manchmal knackte es im Unterholz und dann hechelte er wieder an ihr vorbei.

Anna überlegte auf dem Weg, was sie ihrer Tante, die in Wien lebte, schreiben wollte. Es war die jüngste Schwester ihres Vaters, knappe 20 Jahre älter als sie selbst und noch vollkommen fit. Sie wies keine Anzeichen von Alzheimer oder Parkinson auf. Woran es wohl lag, dass die einen dement wurden und die anderen nicht? Auch Tante Monika hatte es nicht leicht gehabt in ihrem Leben, hatte sich immer alles hart erarbeiten müssen. Sie hatte Misserfolge und Rückschläge gehabt. Sie war kein Dickhäuter, die sich um niemanden scherte, sondern eine sehr gefühlvolle Frau, der Lieblosigkeiten sehr nahe gingen. Auch Schwermetalle sollten schuld an Alzheimer sein, aber Monika war Schwermetallen ausgesetzt wie andere auch. Warum also ging es ihr gut und anderen nicht? Anna beschäftigte das Thema Demenz schon seit langem. Wo lag der Schlüssel dazu?

Sophie hatte in Wien studiert und war so der Tante sehr nahe gekommen. Nun war Monika pensioniert, musste nicht mehr um die ganze Welt fliegen, von einer Konferenz zur anderen. Das anstrengende und unregelmäßige Leben hatte ein Ende. Aber die Tante legte noch lange nicht die Hände in den Schoß, denn es gab noch viel zu erleben und viel zu erledigen. Endlich konnte sie sich um die inzwischen erwachsenen Kinder und Enkelkinder ihres verstorbenen Bruders kümmern. Monika hatte gemerkt, wie sehr Anna und ihre Geschwister sie nach dem Ableben ihrer Eltern brauchten, wie sehr sie ihre Nähe und gemütliche Stunden suchten, in denen sie mit der Tante plaudern konnten. Sie ließen sich gerne von ihr verwöhnen, denn in der gemütlichen Küche, die im Winter vom Onkel warm geheizt wurde, und im Sommer auf dem Balkon oder im Garten gab es die herrlichsten Jausen.

Monika gab Sophie in Wien ein Zuhause und fühlte sich für Annas Tochter verantwortlich. Mit dem Onkel konnte Sophie abends über Politik und Geschichte reden und er wusste auf all ihre Fragen eine Antwort und löcherte sie ihrerseits mit seinen Fragen.

Onkel Paul wollte alles wissen über das, was junge Leute heutzutage machten, welche Musik und welche Bücher sie liebten und wie ihr Nachtleben verlief. Er interessierte sich für das, was auf den Universitäten und in den Familien geschah, er wollte wissen, was Mädchen glücklich machte und was sie verletzte und worauf Jungs stolz waren und was sie ärgerte. Er erkundigte sich, ob Piercings teuer und schmerzhaft waren, ob es gefährlich war, sich tätowieren zu lassen, und wie lange künstliche Fingernägel und Haarextensions hielten. Der gute alte und so geduldige Onkel war ein ausgezeichneter Zuhörer. Paul ließ Sophie wählen, welche Fernsehsendungen sie ansehen wollte, was er seiner Frau zum Beispiel nie erlaubte und die deswegen einen eigenen Fernseher für ihr Zimmer gekauft hatte. Was Sophie interessierte, das interessierte ihn nun auch. Nur hie und da verschlief er es neben seiner Großnichte auf der Couch, wenn es sehr spät wurde, und sie musste die Lautstärke des Gerätes aufdrehen, weil er gar zu laut schnarchte. Wenn er dann aufwachte, brauchte er eine Weile, um sich wieder zurechtzufinden und man konnte ihm ansehen, wie gut er geschlafen hatte, weil der Abdruck des Kissens auf seiner Wange zu sehen war. Dann wischte er sich mit dem Ärmel den Speichel von der Wange, der aus seinem Mundwinkel gelaufen war und rieb sich die etwas geröteten, manchmal tränenden Augen. »Ach mein Bärele«, sagte Sophie dann und sah den Onkel liebevoll an.

Onkel Paul ließ sich von seiner Frau jetzt noch um die halbe Welt schleppen, auch wenn ihn beim Gehen die Schmerzen in seinem rechten Knie oft so plagten, dass er sich am liebsten auf die nächste Bank gesetzt und dort gewartet hätte, bis seine Frau mit ihren Besichtigungen und ihren Einkäufen fertig war. Tapfer begleitete er sie aber bei all ihren Unternehmungen, in Opern und Theater. Wenn sie Gäste hatten, saß er bis spät in der Nacht bei ihnen, auch wenn er so müde war, dass er seine Augen nur mit Mühe offen halten konnte. Monika hatte sehr viele Freunde auf der ganzen Welt und sie war der Ansicht, dass Freundschaften gepflegt werden mussten. Somit stand ihre Tür allen Gästen das ganze Jahr über offen, und weil Wien immer eine Reise wert war, kamen sehr viele Gäste zu Besuch. Onkel Paul wünschte sich sehr oft, irgendwo in Kuckuckshausen zu wohnen, um einmal seine liebe Ruhe haben zu können, aber er liebte seine Frau und machte daher bei allem mit.

Schließlich erreichte Anna den letzten Teil des Waldes, den schönsten Teil. Es war ein mystischer Ort, fand sie. Wenn es Waldgeister gab, würden hier sehr viele wohnen. Die Bäume standen dicht beieinander und nur wenig Sonnenlicht fiel durch die Baumkronen. Efeu wucherte überall, und das Moos wuchs an den Baumstämmen bis sehr weit nach oben und die Felsbrocken, die auf dem Waldboden lagen, waren ebenso von dicken Moospolstern bedeckt.

Anna verweilte ein Weilchen und holte die Wasserflasche und die Trinkschüssel für Pit aus dem Rucksack. Das Tier trank durstig, legte sich ein Weilchen zu ihr und lief dann wieder weiter kreuz und quer durch den Wald.

Annas Gedanken kehrten wieder zu Tim zurück. Vielleicht kam ihre Ehe ja wieder ins rechte Lot. Sie würde zu gerne wieder zurück zu ihm, auch wenn es sehr viel Mühe kosten würde. Wo sollten nur die neuen Möbel hin? Und sie musste wieder auf alle Ämter gehen und den Wohnsitz auf allen Dokumenten ändern lassen und Wasser, Strom, Müllentsorgung und Internet abbestellen. Und dann alles wieder aus den Schränken und Regalen räumen und in Kartons packen, dann die Wohnung putzen. Und was würde der Vermieter sagen? Der würde sicher denken, dass sie nicht ganz bei Trost war. Sie hatte einen Mietvertrag für drei Jahre unterschrieben und in ihm stand, dass man die Wohnung sechs Monate vor dem Ausziehen kündigen musste. Aber das war ihr jetzt alles egal. Wenn sie es doch auch schaffen würde, mit Tim bis ins hohe Alter zusammenzubleiben wie Tante Monika und Onkel Paul! Sie hatten sicher auch ihre Schwierigkeiten gehabt und sie gemeistert.

Anna rappelte sich auf und nahm das letzte Stück Weg in Angriff. Bald hatten sie die Burg erreicht und sie sah in die Täler hinunter. Auf der einen Seite lag das ruhige Tal mit dem See, dem ausgedehnten Wald und den hübschen Dörfern, das Wander- und Erholungsparadies für Einheimische und für Urlauber, auf der anderen Seite sah sie auf den hektischen Teil hinunter, auf die Stadt mit der Industriezone, dem Flughafen und mit der verkehrsreichen Autobahn.

Anna kletterte auf ein Mäuerchen und lehnte sich zurück. Die Sonne schien warm, doch hier oben wehte ein angenehmes Lüftchen. Die rot-weiße Fahne auf dem Turm flatterte im Wind. Pit machte es sich neben ihr bequem und störte sie nicht beim Schreiben.

Anna schrieb sich den Kopf frei und es dauerte nicht lange, da hatte sie mehrere Seiten voll. Sie setzte einen Gruß und tausend Küsse an die Tante und den Onkel darunter, dann schloss sie den Brief. Vor der Tante musste sie keine Geheimnisse haben, musste sie keine Ängste Zweifel und Sorgen verbergen.

Als Anna abends Pit bei Tim ablieferte, fragte er sie, ob sie Durst habe und einen Sprung mit ihm ins Haus kommen wolle. Er sagte, er habe Erdbeer-Schnitten für sie besorgt. Mit Herzklopfen nahm sie seine Einladung an und folgte ihm die Treppe hinauf. Beide waren sehr befangen und wussten nicht, wie sie ihr Gespräch in Gang bringen sollten. Doch dann fragte Tim sie ganz beherzt, ob sie einen Film mit ihm ansehen wollte, eine Verfilmung von einem der Bücher von Nicolas Sparks. Anna lächelte in sich hinein, wissend, dass Tim diese Art von Film nicht gefiel. Umso mehr schätzte sie sein Angebot und nahm es an. Sie setzten sich etwas steif auf verschiedene Sofas, aber der Film war so gelungen, dass Anna es sich langsam liegend gemütlich machte und wenig später war es auch schon so weit, dass sie vor Rührung weinte. Tim reichte ihr sein Taschentuch und verkniff sich ironische Bemerkungen. Auf einmal fand er es schön, dass Frauen bei Filmen weinten. Vom Film selbst bekam er nicht viel mit, er war viel zu sehr damit beschäftigt, seine Frau zu beobachten und genoss es, sie bei sich zu haben. Ohne Anna erschien ihm alles trist und leer und er hoffte von ganzem Herzen, dass sie zu ihm zurückkommen würde. Was für ein Idiot war er gewesen! Zu sehr fehlte ihm seine Frau im Haus, die ihn versorgte, die das Haus mit ihrem Wesen ausfüllte. Jetzt sang und tanzte niemand mehr zu bekannten Songs aus dem Radio und niemand stellte mehr Blumen auf den Tisch. Es duftete nicht mehr nach frischem Haarshampoo und nach Körpercreme.

Mit Anna und den Mädchen hatte die Freude das Haus verlassen. Sie mussten einfach wieder zu ihm zurück kommen! Doch vorher wollte er das Haus noch für seine Familie herrichten, die Holzböden abschleifen lassen, die beschädigten

Küchenmöbel teilweise ersetzen lassen. Er würde die Balkongeländer neu streichen und im Garten eine Dusche errichten, damit sie sich beim Sonnenliegen erfrischen konnten, ohne ins Haus herauslaufen zu müssen. Anna merkte gar nicht, dass Tim mit seinen Gedanken ganz woanders war, sie war so vertieft in den Film.

Nach dem Film stand Anna sehr abrupt auf und sie wusste wieder vor Verlegenheit nicht, was sie sagen sollte. Sie war plötzlich so schüchtern wie am Anfang ihrer Beziehung.

Tim begleitete sie zur Tür. Sein Blick fiel auf die leeren Blumenkästen. »Die Balkone sind noch leer, sie warten auf dich, auf deine Geranien. Und ich warte auch auf dich«, sagte er...

Greta Brunner

Anna Bacher Graf: Schwäne

Vorwort

Ich sitze hier und will schreiben. Nur was.? Mir ist auch aufgefallen in diesen Schreibwerkstätten, dass alle Anwesenden auch viel Phantasie besitzen.

Vielleicht kann ich von den bisherigen Schreibwerkstätten etwas auch für mich nach Hause nehmen.

Vor allem Texte lesen, die mich anregen, nicht nur Erlebtes, sondern auch Schönes wie Blumen, Berge, Wälder, Gletscher und die Natur insgesamt und über menschliche Schicksale in mein Innerstes herein zu lassen.

Renate Gärtner

Strafe----Schönheit

Mein Leben war reich an Erfahrung, die wir wohl alle haben. So benütze mich meine Mutter zum Beispiel als verständnisvolle Schwester meiner um ein Jahr jüngeren Schwester gegenüber.

Diese war mit körperlichen Vorzügen nicht gerade reich gesegnet: Sie war sehr dick und vielleicht auch deswegen sehr agressiv zu meiner Mutter und mir.

Ich hingegen war die » Schlanke und die Schöne« IM WAHRSTEN Sinne des Wortes.

Das erkannte ich schon in der Volksschulzeit. Denn meine Mutter erniedrigte mich oft in Gegenwart dieser besagten Schwester.

Aber im Stillen litt ich sehr darunter. In mir sammelte sich dieses Leid nach und nach in Zorn
auf meine Mutter.

Aus dieser Situation heraus war ich sogar froh, dass ich allmählich älter wurde und die anfängliche » Kind-Schönheit« verging.

Renate Gärtner

Gedanken einer Katze

Ich bin Mitzi und ich bin ohne Zweifel die hübscheste Katze in der ganzen Nachbarschaft. Mein Fell ist braun- schwarz getigert, nur meine Pfoten sind weiß. In meinem Haus wohnen noch ein paar andere Leute, die da wären eine Frau, ein Mann und ein etwas kleinerer, jüngerer Mann. Die Frau ist meine Dosenöffnerin, sie hat keine Ahnung davon, was es heißt, ein guter Jäger zu sein. Gestern habe ich deswegen im Garten eine Maus gefangen – war gar nicht schwierig – und habe sie der Frau vor die Füße gelegt. Sie sollte endlich lernen, wie man Mäuse jagt. Die Frau ist aber nur schreiend aufgesprungen und hysterisch herumgerannt, wenn ich mich so anstellen würde, würde ich nie Beute machen. Die Maus habe ich dann schließlich selber verspeist – ist ja schließlich auch ein absoluter Leckerbissen. Ich bin es leid, immer nur Fast – Food aus der Dose zu bekommen, dort sind Getreide und Gemüse drinnen....nur eine Frage am Rande: hat jemand schon einmal eine Katze im Kornacker Jagd nach Getreide machen sehen? Oder hat jemand schon einmal beobachtet, wie sich eine Katze im Gemüsegarten an die Erbsen und Karotten heranpirscht? Warum gibt es eigentlich kein Katzenfutter mit Mäusegeschmack?

Clara Berger

Rio

Durch meine halb geöffneten Augenlieder fällt ein schwacher Lichtstrahl. Aus der Ferne höre ich unklare Geräusche und fremde Stimmen. Schreie, die sich anhören wie Schmerzensschreie. Langsam versuche ich die Augen zu öffnen, benommen blinzle ich in das kalte Licht, das mein Gesicht von oben beleuchtet. Ich schaue mich um und finde mich in einem Raum wieder, der mir fremd ist. Weiß getünchte Wände umgeben mich, an der Wand gegenüber ein Bild mit einer roten Blume, mir fällt der Name nicht ein. Ich liege auf einer mit weißem Leder bezogenen Liege, in meinem rechten Arm stecken Nadeln und ich hänge am Tropf. Langsam dämmert mir, dass ich mich in einem Krankenhaus befinde. Die Tür geht auf, ich drehe meinen Kopf und herein kommt ein großer, schlanker Mann mit grau meliertem Haar, welcher einen weißen Kittel trägt. Er tritt zu mir an die Liege heran und schaut kurz auf die piepsenden Monitore neben meinem Kopf, welche ich erst jetzt wahrnehme. Er leuchtet mir dann mit einer kleinen Lampe in die Augen. Er spricht mich an und sagt mit leiser Stimme: »Chantalle, wie fühlen Sie sich?« Ich versuche ihm zu antworten, aber aus meinem Mund kommt nur ein krächzender Laut. Der Mann im weißen Kittel spricht weiter: »Sie wurden Opfer eines Raubüberfalls, jemand hat Sie auf der Straße überfallen und Sie mit einem Messer verletzt, trotzdem haben Sie noch großes Glück gehabt, junge Mädchen wie Sie sollten nachts nicht alleine in den Straßen von Rio de Janeiro unterwegs sein. Wir haben Ihre Au-pair-Familie benachrichtigt, jemand wird bald da sein.« Der Mann im weißen Kittel geht dann wieder und erst jetzt verstehe ich, dass ich mich in einem Krankenhaus befinde. Ich versuche, meinen Körper zu bewegen und ein höllischer

Schmerz durchschießt meine Schulter. Ich versuche mich zu erinnern, was passiert war. Zusammenhanglose Gedankenfetzen fliegen durch meinen Kopf, Bilder steigen vor meinem Inneren auf. Ich sehe meine Oma Alex, die mit ihrem blauen Rollkoffer am Flughafen auf mich und meine Au-pair-Mutter Carmen zukam, wir haben sie abgeholt, Carmen und ich. Ich sehe auch Carmen, die traurig und mit gesenktem Kopf am Küchentisch saß, während ich das Frühstück für die Kinder Anna und Pedro zubereitete. Carmen weinte oft, nachdem sie sich mit Enrico, ihrem Mann, gestritten hatte. Sie versuchten zwar immer leise und nicht vor den Kindern zu streiten, aber ich habe trotzdem mitbekommen, dass Carmen wohl nicht die einzige Frau in Enricos Leben war. Manchmal verschwand Carmen dann für Stunden in ihrem Atelier im oberen Stock der wunderschönen Wohnung, dort hatte sie ihre Bilder. Sie stand dann stundenlang dort und starrte auf die weiße Fläche der Leinwand. Ich habe sie nie ein Bild zu Ende malen sehen. Enrico habe ich nur ein paar Mal zu Hause gesehen, seit ich vor einem Monat nach Rio de Janeiro gekommen bin. Er war irgendwie da, aber doch nicht da. Ich war so glücklich, als die Au–pair-Vermittlungsagentur mich anrief und mir mitteilte, dass ich nach Rio de Janeiro könnte. Ich konnte es kaum erwarten, meine Eltern waren anfangs dagegen, dann willigten sie schließlich schweren Herzens ein. Plötzlich kommt mir ein Telefongespräch in den Kopf. Meine Mutter telefonierte mit meiner Oma Alex und sie stritten sich darüber, ob ich nach Rio gehen sollte oder nicht. Ich weiß, dass meine Oma dagegen war, sie fand es zu gefährlich. Trotzdem packte ich meine Koffer und flog im Juli nach Rio.

Meine Schulter schmerzt jetzt noch mehr und ich habe Durst, ich drücke den roten Knopf über meinem Kopf in der Hoffnung, dass jemand kommen und mir etwas zu trinken bringen würde.

Was ich bei meinem Abflug aus Berlin nicht wissen konnte,

war, welches schreckliche Heimweh mich befallen würde. Schon am dritten Tag spürte ich, wie sehr ich meine Eltern, meinen Bruder, unser Haus und meinen Freund vermisste. Zwar schrieb ich ihnen täglich Emails und wir telefonierten über Skype, trotzdem hat mich solches Heimweh überfallen, dass ich mich jeden Abend in den Schlaf weinte und mich am Morgen ein verquollenes Gesicht aus dem Spiegel anschaute. Ich glaube nicht, dass Carmen, meine Au-pair-Mutter meinen Kummer erkannte. Zu sehr war sie mit ihren eigenen Problemen und den Kindern beschäftigt. Ich denke, sie hat auch ein Au-pair-Mädchen eingestellt, damit sie sich mehr ihrer selbst widmen kann und sie mehr Zeit für die Malerei hat. Für mich und meine Sorgen hatte sie kein Gespür. Umso glücklicher war ich, als Alex, meine Oma, mir mitteilte, dass sie ein paar Tage nach Rio kommen würde….und jetzt fällt es mir auch wieder ein….wir haben uns gestern Abend in einem Cafè in der Nähe meiner Au-pair-Familie getroffen. Ich habe ihr meinen Kummer erzählt und ihr mein Herz ausgeschüttet. Sie hat aber mit Unverständnis reagiert und die Schuld meiner Mutter gegeben, da diese mich nach Rio hat fahren lassen. Ich habe dann wutentbrannt das Café verlassen und bin in die dunkle Nacht hinaus auf die Straße gegangen. Eigentlich wollte ich mit einem Taxi nach Hause fahren, ich war jedoch so verärgert, dass ich beschloss, zu Fuß nach Hause zu gehen. Im kalten Licht der Straßenlampen ging ich die Straße entlang und ich hörte schnell näherkommende Schritte hinter mir auf dem Asphalt. Ich beschleunigte meine Schritte, doch plötzlich packte mich jemand am Arm und ich spürte einen stechenden Schmerz in meiner Schulter. Dann wurde mir schwarz vor Augen und ich erinnere mich an gar nichts mehr.

Jemand klopft an die Tür und ich drehe meinen Kopf. Herein kommen Carmen und meine Oma Alex.

Clara Berger

Dieser Tag in meinem Leben

Dieser Tag, an dem die Hoffnung starb
und die Erleichterung geboren wurde.
Dieser Tag, an dem ich bei dir war,
du jedoch schon so weit weg von mir warst.
Dieser Tag, an dem ich wusste, dass es geschehen würde,
ich jedoch nicht erahnen konnte, wie lange es noch dauern würde.
Dieser Tag, an dem ich deine Hand gehalten habe,
dieser Tag, dein letzter Tag.

Clara Berger

Der Baum

Stark wie ein Baum standest du einst fest verwurzelt im Leben
Und recktest deine Äste gegen die Sonne und das Licht zum Leben hin

Der Wind spielte mit deinen Ästen und Blättern
Und jeder Ast und jedes Blatt stehen für ein Geschehen in deinem Leben

Manchmal wurdest du auch vom Sturm gebeutelt
Und jede Astgabel bedeutet eine Entscheidung, die du treffen musstest

So zogen die Jahre ins Land
Und du wurdest stärker und stattlicher und nichts konnte dich wirklich erschüttern

Die Jahreszeiten wechselten sich ab
Und jede brachte auch für dich einen neuen Lebensabschnitt im Einklang mit der Natur

Doch irgendwann setzte sich unter deiner harten Rinde ein Schädling ab
Und schaffte es langsam und unbemerkt immer weiter in dich vorzudringen

Eines Tages bemerkte auch der Förster den Schädling
Und teilte uns schonungslos mit, dass dieser dich schon in Beschlag genommen hatte

Wir waren wie versteinert
Und beobachteten nun genau, wie der Schädling dich beeinflusste

Am Anfang waren es nur kleine Hinweise, die uns daran erinnerten, dass er da war
Und er irgendwo hinter deiner starken Rinde lauerte

Doch plötzlich hatte er vollkommen Besitz von dir ergriffen
Und der starke Baum fiel langsam in sich zusammen

Du verlorst deine Blätter, die Äste wurden morsch
Und dein Stamm konnte dich nicht mehr tragen

Wir stützten dich
Und versuchten, dir so viel Sonne und Licht wie möglich zu geben

Doch irgendwann verließ dich deine Kraft
Und der Schädling hat die vollkommene Kontrolle über dich übernommen

Du hast gekämpft gegen den Schädling
Und wolltest weiterhin als starker Baum mit hohen Ästen und vielen Blättern dastehen

Doch der Schädling war stärker
Und hat dir schließlich deine Blätter geraubt und deine Lebenskraft dazu

Schließlich wolltest du auch kein Licht und keine Sonne mehr sehen
Und mit deinen Wurzeln dem Boden kein Wasser mehr entnehmen

Der Schädling hat schließlich die Oberhand genommen
Und dich zerstört und dich uns entrissen, doch er hat nicht
gesiegt, denn er ist mit dir gestorben

Wir, die Samen deines Baumes sind noch da
Und stehen immer noch im Schutze deiner Krone und erinnern uns an den starken Baum,
der einst dastand, fest verwurzelt im Leben
und seine Äste gegen die Sonne und das Licht zum Leben hin reckte.

Clara Berger

Anfang vom Ende

Die Gefühle – mit Füßen getreten
Respekt – es ist keiner mehr vorhanden
Das Vertrauen – gebrochen
Rücksicht – wird keine genommen
Gleichgültigkeit – hat sich eingeschlichen
Vielleicht merkt man es gar nicht – oder doch?
Will man es überhaupt bemerken?
Alles wird weggedacht
Die Freude sich zu sehen
Das Glück, zusammen zu sein
Das Gefühl der Einigkeit
Wo ist das alles nur geblieben?
Irgendwo zwischen den Jahren?
Einfach hängengeblieben?
Ganz leise, oft auch langsam, lautlos und unbemerkt
Doch unaufhaltsam
Als es bemerkt wird, ist es schon zu spät
Und man steht vor den Trümmern
Oft traurig, manchmal vielleicht dankbar,
dass endlich alles ein Ende hat
Was einmal so schön begann
Und sich in Gefangenschaft, Hass, Ablehnung, Wut,
Verzweiflung und Trauer verwandelte.

Clara Berger

Der Schulweg

»Ach Gott, wenn mir doch nur nicht so kalt wäre!« Ich stapfe mit meinen zwei kleineren Geschwistern, dem Rosile und dem Franzl durch den kalten Schnee und die Dunkelheit hinter unserem Vater her. In der Nacht hat es geschneit und im Schein der Laterne sehe ich immer noch große, dicke Flocken fallen. Der Schnee bedeckt die Landschaft unter einem weißen, weichen Mantel. Flora, unser Pferd bahnt sich einen Weg durch den Schnee, der mir bis zu den Hüften reicht. Wir sind auf dem Weg zur Schule ins Dorf und wir Kinder passen gut auf, dass wir in die Stapfen von Flora und dem Vater treten. Wie gut hat es doch unsere kleine Schwester, sie darf noch bei der Mutter bleiben und zu Hause, hoch oben auf dem Berg in unserer warmen Stube mit den »Tschurtschen« spielen, dich ich ihr im Sommer aus dem Wald mitgebracht habe, als ich dem Vater dabei geholfen habe, Holz zu fällen.

Aus Floras Nüstern steigen Dampfwolken auf, die Schneeflocken, welche auf ihren braunen, starken Körper fallen, werden schnell zu Wasser und hinterlassen dunkle Flecken auf ihrem Rücken. Wie schön wäre es, sich jetzt an Floras warmen Bauch zu schmiegen und sich von ihr tragen zu lassen.

»Beeilt euch« ruft mein Vater zu uns zurück, auf der Krempe seines ledernen Hutes hat sich eine weiße Haube gebildet und manchmal fallen Tropfen von geschmolzenem Schnee auf seine breiten Schultern.

Wenn doch nur meine hölzerne Schultasche nicht so schwer wäre! Jetzt im Winter müssen wir jeden Tag ein paar trockene Holzscheite in die Schule mitbringen. Unsere Lehrerin, das Fräulein Roth, macht dann ein Feuer im Kamin und wir können unsere nassen Schuhe davor hinstellen, damit sie trocknen. Einmal habe ich meine Schuhe zu nah hin gestellt und die Schnürsenkel sind verbrannt. Fräulein Roth hat dann mit mir geschimpft, mein Vater noch viel mehr und ich musste dann die Schuhe zwei Wochen lang, bis zum nächsten Markt in der Stadt, ohne Schnürsenkel tragen.

Das Feuer im Kamin der Klasse knistert immer ganz laut und manchmal schaue ich in die tanzenden Flammen und sehe dort seltsame Fratzen. Unser Vater treibt uns wieder zur Eile an, beim Gedanken an das Feuer ist mir wieder etwas wärmer geworden.

Plötzlich höre ich das Rosile hinter mir weinen, sie ist gestolpert und in den Schnee gefallen, ich helfe ihr wieder auf die Beine, klopfe ihr den Schnee aus dem Mantel und wische ihr mit meinem kalten Handrücken die Tränen aus dem Gesicht. Gut, dass es nicht mehr weit ist, ich kann schon die warmen Lichter in den Küchen und Ställen aus dem Dorf unten sehen.

Clara Berger

Abschied

Der schwere Wagen fuhr fast lautlos, aber mit hoher Geschwindigkeit durch die Nacht. Die Landstraße schien endlos, Verkehr so gut wie keiner vorhanden. Horst sah gespannt in die Dunkelheit, vor einer Stunde herrschte noch Gegenverkehr, doch jetzt war er nahezu allein auf Fahrt. Andere schienen ihr Ziel erreicht zu haben. Vor drei Stunden hatte er noch in seinem Büro über Plänen gesessen, er war Bauingenieur, in Arbeit vertieft die Zeit vergessend, wie so oft seit er Witwer geworden war und ihn seine alles geliebte Susanne einfach verlassen hatte, einfach so, ein schrecklicher Unfall... Er war so in seine Arbeit vertieft gewesen, dass er das Telefon erst beim dritten Mal klingeln hörte. Der Arzt seiner Mutter war am Apparat und teilte ihm mit, dass es seiner Mutter sehr schlecht gehe und sie diese Nacht womöglich nicht überleben werde. Er hatte sich sofort ins Auto gesetzt, ohne sich vorher umzuziehen, ohne Gepäck, war einfach losgefahren. Die Autobahn hatte er schon seit geraumer Zeit verlassen und fuhr auf der Landstraße weiter. Seit dem Unfall seiner Frau Susanne fuhr er vorsichtiger, aber heute beschleunigte er fast wie früher, während er aufmerksam und konzentriert den Wagen lenkte und die Straße im Auge behielt, gingen seine Gedanken zurück und Episoden von früher nahmen Gestalt an. Ja Mutter, seine Mutter hatte ihn abgöttisch geliebt und war immer für ihn da gewesen, dabei hatte sie es sehr schwer gehabt in ihrem Leben. Aufgewachsen bei lieben, aber fremden Leuten, der geliebte Vater vom Krieg nicht zurückgekehrt, die Mutter auswärts auf Arbeit. Eine blinde Ziehmutter hatte ihr viel beigebracht und deren Tochter. Schon früh musste sie überall mithelfen, war als Kind oft überfordert gewesen, kam in die italienische faschistische

Schule und rings um nur Not. Bomben fielen auf die Stadt in der sie später arbeitete. Luftschutzkeller und Angst. Sie lernte einen guten Mann kennen und lieben und zog mit ihm in sein Dorf. Dort war sie die Fremde, doch sie suchte keinen Anschluss, die Familie genügte ihr. Sie konnte sparsam haushalten und erledigte alle Aufgaben gründlich und mit Umsicht. Sie lernte schnell, passte sich an, blieb aber doch die Auswärtige. Viel schluckte sie hinunter. Für die Ihren gab sie alles, lieber sparte sie sich selbst etwas vom Mund ab, als dass es den ihren an etwas fehlte. Die Liebe zwischen ihr und ihrem Mann war außergewöhnlich, etwas Seltenes, Kostbares, unbegreiflich tief. Auch im Alter waren sie einander in Liebe zugetan. Bis Vater die Kräfte verließen und sie allein zurückblieb. Sie wollte nicht mehr leben, wollte nicht realisieren, dass er nicht mehr da war, sie wollte einfach nicht mehr. Sie redete oft wirres Zeug, meinten die Pfleger, doch machten Orte und Namen von früher einen Sinn. Oft sah sie angstvoll in die Runde oder war stumm, lange, starte die Wand an, oft ein Aufflackern in ihren Augen, ein Erkennen, ein Erinnern, dann versank sie wieder in der Trostlosigkeit. Zuweilen schrie sie auf, Ängste plagten sie oft, die Vergangenheit, längst verdrängt, nahm wieder Besitz von ihr. Arme Mutter, sie hätte Besseres verdient nach diesem schwierigen von Entbehrungen reichen Leben.

Inzwischen hatte Horst den Heimatort erreicht und lenkte seinen Wagen durch die engen Straßen. Die Nacht klar, der Mond rund am Himmel. Vor dem Altenheim parkte Horst den Wagen, stieg aus, streckte sich nach der langen Fahrt und betrat das Gebäude. Dämmerlicht empfing ihn, man hatte ihn bereits erwartet und führte ihn zu seiner Mutter. Leise trat er ans Bett, ließ sich auf einen Stuhl nieder, nahm ihre Hand in die seine und verharrte ruhig. Zeit verstrich. Forschend sah er in ihr jetzt so mageres, eingefallenes Gesicht. Danke Mutter, danke murmelte er leise, als wolle er sie nicht erschrecken.

Ihre Augen starr an die Wand geheftet, veränderten sich, der Blick wurde klarer, weicher. Plötzlich sah sie ihn an, ein Lächeln huschte über ihr Gesicht, die schlaffe Hand drückte leicht die seine. Mit einem tiefen Atemzug sank sie tiefer in die Kissen und ging endlich für immer zu ihrem geliebten Mann. Horst schloss ihr die Augen und sah am Morgenhimmel das aufsteigende Morgenrot. Ein neuer Tag, auch für Mutter, in einem anderen Leben mit Vater.

Kristina Kaivo

Alles kein Problem

Oh Gott, du hast uns Menschen viel Arbeit überlassen hier auf Erden. Die eine Woche Schöpfungsarbeit war wohl etwas knapp bemessen und es ist uns viel Arbeit übriggeblieben. Das Licht nur am Tage reicht bei weitem nicht aus und die eine Pferdestärke zur Fortbewegung ist wohl etwas mickrig ausgefallen und nur Wasser, Grünfutter, Brot und ein paar Äpfel im Paradies... begeistern uns wenig und reißen uns nicht vom Hocker und machen kein ***** Sternelokal aus.

Alles kein Problem,
wir sind gut, Gott, das musst du uns schon zugestehen, wir haben elektrifiziert, beschleunigt, Atome gespalten und Regenmaschinen gebaut. Es ist ja kein Verlass auf dein Wetter.

Alles kein Problem,
wir haben gesorgt, dass Essen für alle da ist, bio, natur und künstlich, naja zugegeben mit der Verteilung der Lebensmittel auf alle Kontinente hapert es zwar schon noch, aber man wird uns doch noch eine Fehlerquote zugestehen: »Irren ist menschlich«. Wir werden uns drum kümmern und noch mehr Autos, Schiffe, Flugzeuge um die Erde schicken.

Alles kein Problem,
wir haben Straßen gebaut und Brücken, um Platz zu sparen gehen wir jetzt schon tief unter die Erde und die paar Schadstoffe nehmen wir in Kauf. Aber wir sind schnell, da schaust du lieber Gott, das Auto mit Turbo Beschleunigung von 0 auf 180 in 5 Sekunden. Und mit Hochleistungsbahnen und den Flugzeugen werden wir die Schallgrenze erreichen, versprochen lieber Gott.

Alles kein Problem,
das Ozonloch werden wir auch noch flicken, später, die schwarze Plastikfolie ist noch in Ausarbeitung und die paar

Leute, die draufgehen, sind einkalkuliert, man muss Opfer bringen, sind eh zu viele Menschen auf der Welt. Da bist du doch unserer Meinung?

Alles kein Problem, wir sind Problemlöser in Gremien, in Kongressen und Workshops, wir haben den Luftraum erobert und weil wir auf Erden bald nichts mehr zu tun haben werden, greifen wir nach den Sternen, die werden wir ganz schön gerade rücken und so richtig zum Leuchten bringen. Und hör zu lieber Gott, funk uns da ja nicht dazwischen und komm uns nicht in die Quere.

Kristina Kaivo

Die Katze

Lange lauerte die Katze im Gebüsch,
einen Punkt interessiert und unverwandt fixierend,
jede Faser,
jedes Haar ihres Pelzes voller Konzentration.
Ihr geflecktes Fell im Schattenspiel der Blätter kaum auszumachen,
sie hatte Zeit...,
beobachtete ihr Gegenüber.
Langsam setzte die Katze ihre Pfote nach vorn,
verharrte in der Bewegung,
als wolle sie ihr Vorhaben noch überdenken.
Plötzlich, mit einem Satz,
den Körper angespannt wie ein Bogen,
die Spannung lösend,
schoss die Katze nach vorn, den kleinen Piep Matz in
ihren gefährlichen, spitzen Krallen.
»Piep«,
machte der Vogel,
»miau«,
meinte der Kater,
»wir verstehen uns«
und fraß den kleinen Vogel auf.

Kristina Kaivo

Die Schachtel

Beim Abstauben fällt mein Blick auf eine Schachtel, grüngelb geblümt, im Bücherregal, hinter den Werken von Ingeborg Bachmann. Ich nehme sie in die Hand, wiege prüfend das Gewicht, löse das lila Band und öffne sie neugierig, gespannt was ich wohl finden werde.

In zartes Seidenpapier eingepackt finde ich alte Fotos. Inzwischen habe ich mich längst auf einen Hocker gesetzt und lasse die alten, vergilbten Fotos durch meine Finger gleiten. Vorsichtig wende ich sie, um auch Notizen und Jahreszahlen zu erfassen. Fotos meiner Eltern in ihrer Jugend. Vater als schneidiger Soldat, mit klarem, warmherzigem Blick, der so gar nicht zu seiner strengen Uniform passen will, ein Opfer der damaligen Zeit. Ein Bild meiner Mutter, strahlende Augen, Freude im Gesicht, in einer Zeit, wo Not alle Bereiche des Lebens erfasste, damals noch blond, bevor sie ins Pustertal kam, wo der Wind und die Leute rauer waren. Ein Hochzeitsbild meiner Eltern, man spürt förmlich die Zuneigung, die sie verband, die auch später noch bestand, eigentlich ihr ganzes gemeinsames Leben lang.

Ein weiteres Bild fällt mir in die Hände, Vater, meine große Schwester, mein Bruder und ich, die Kleine, auf Mutters Schoß. Ich halte inne und spüre Wärme und Geborgenheit in mir aufsteigen. Noch gefangen in diesem Gefühl stehe ich langsam auf und schiebe das Bild in den Wechselrahmen auf meinem Schreibtisch und betrachte es noch einmal liebevoll. Ich schließe die geblümte Schachtel und lege sie ins Regal zurück, diesmal vor Ingeborg Bachmanns Werke und setze versonnen meine Arbeit fort.

Kristina Kaivo

Liebe

Filigrane Fäden,
biegsam wie das Gras im Wind,
lachend sich nach der Wärme
und dem Licht streckend.
Heller Klang,
wie Zimbeln,
zerbrechlich wie Glas,
stark wie ein Baum,
trotzend im Sturm,
braucht Schutz und Wärme,
verlangt Vertrauen und Respekt -
sucht das Du,
will Dich.

Kristina Kaivo

Nach dem Regen

Wild zucken Blitze am Himmel, gefolgt von dumpfem Donnerrollen, immer wieder zerschneiden rote, zackenförmige Feuerlinien den Nachthimmel, polternd krachen die Donner und tönen in der Ferne nach. Wassermassen ergießen sich auf die Erde, nicht enden wollend, alles verschlingend, tosende Bäche schießen zu Tal, grollend alles unter sich begrabend, ein Furioso. Der Regen prasselt im Staccato, allmählich ruhiger werdend im Adagio, endend in einem Piano, gegen Morgen hört der Regen endlich auf.

Es will nicht Tag werden, der Himmel hat die Nebelgardinen zugezogen und hebt sie nur langsam. Schwer hängen die Äste der Bäume tief, triefen vor Nässe, Rinnsale fließen über die Rinde, die dunkel glänzenden Blätter tropfen nass. Frischgewaschene Straßen, am Straßenrand angeschwemmter Sand, Blätter und abgebrochene Äste, Zeugen des Wolkenbruchs der vergangenen Nachtstunden. Am Fensterglas ziehen Wasserperlen ihre Bahn, neue folgen.

Aus dem Fenster sieht die Wiese frisch gebürstet aus, alle Grashalme geordnet in eine Richtung, glänzend, wie lackiert. Tagetes stehen trotzig stramm in der Nässe, die Mohnblumen gebeugt, bar ihrer Blütenblätter, die alte Weide dahinter neigt ihr Blätterdach noch tiefer als sonst. Stumm grüßen Nelken und Vergissmeinnicht. Der Rote Sonnenhut steht traurig da und hebt seinen runden, schweren Kopf.

Alle stehen da und warten, geduldig und gleichmütig, harren aus in Erwartung auf … Langsam schiebt der Morgen die Nebelschwaden zur Seite und letzte Wolkenreste verabschieden sich. Erste Sonnenstrahlen blitzen durch die Nebel und küssen die tropfnassen Blumen, streicheln das Gras und grüßen die Bäume. Vorwitzige Spatzen wagen ein Bad in den

Pfützen zwischen den Blumenrabatten, Enten schnattern in der Ferne.

Langsam brechen immer mehr Sonnenstrahlen hervor, die Dunkelheit weicht, die Sonnenscheibe schiebt sich im Osten herauf und plötzlich recken sich Gräser, Blumen und Bäume ihr entgegen, verschlingen die zarte, zunehmende Wärme, atmen tief, genießen das Sein und richten sich auf. Kosend streifen die Sonnenstrahlen die Natur, alle Erdenwesen, trocknen Wassertropfen und Tränen. Eine Amsel stimmt ihr Lied an.

Kristina Kaivo

Ruhe

Knisterndes Feuer,
wohlige Wärme,
schnurrender Stubentiger,
sanfte Lieder.
Gedanken die schlafen,
Probleme entlassen,
Muskeln entspannt,
Körper fallen lassen.
Gelassenheit,
Zufriedenheit,
jetzt nichts wollen.
einfach nichts sollen.
Innere Bilder wandern
vom einen zum anderen,
erhabene Stille,
Ruhe im Herzen,
vergessen die Schmerzen.
Ruhe
und
heiter
endlos
so weiter.

Kristina Kaivo

Sonnenlicht

begrüßt den jungen Morgen,
tastet durch schmale Ritzen,
flimmert durch das dichte Blätterdach,
wärmt die kühle Luft, das frische Wasser,
streichelt sanft die Tiere,
küsst die erwachten Blüten,
trocknet den glänzenden Morgentau,
streichelt das weiche Gras,
zieht durch enge Häuserreihen,
späht in Fenster, kleine und große,
taucht vorwitzig ein in Zimmer,
weckt Kinder aus ihren Träumen,
huscht behände die Straße entlang,
zaubert Freude in ernste Menschengesichter,
streift über satte Wiesen und Fluren,
wandert über die weißen Bergspitzen,
leuchtet strahlend hell,
kost das müde Antlitz der Wanderer,
heiß, alles erwärmend,
Schatten fliehen in der Mittagshitze,
die Sonne im Zenit,
ihre ganze Strahlkraft verschenkend,
langsam absteigend über Berge und dunkle Wälder,
später nach Westen zu,
letzte Strahlen aussendend,
färbt verschwenderisch die Nebel und Wolken golden,
taucht den Abendhimmel in warmes Rot,
nimmt Abschied am späten Abend
und küsst den aufsteigenden Mond.

Kristina Kaivo

Sorgen

Gedanken Sorgen
halten uns gefangen, *gefangen*
lassen nicht los bis zum Morgen.
Was soll jetzt werden?
fragen sie. *Fragen, fragen* sie
Was wird geschehen?
sagen sie. *Sagen, sagen*
Was ist richtig?
rufen sie. *Rufen, rufen*
Was ist wichtig?
flüstern sie. *Flüstern, flüstern*
Gedanken *Bilder*
drehen sich im Kreis,
wie ein Karussell. *Schnell*
Kurz lassen sie los, *nur kurz*
um uns wieder zu begleiten
wie unsichtbare Schatten. *Ja, Schatten, Schatten*

Kristina Kaivo

Über den Vater

Vater
du bist nicht mehr da,
wir vermissen dich,
wir erinnern uns
an deine Wortspiele und Pointen,
immer wieder sind sie da,
oft verwenden wir sie selbst.
Wir haben deine Musik im Ohr,
dein Summen und rhythmisches Klopfen.
Gegenstände halten Geschichten gefangen,
Episoden, Kindheitserinnerungen mit dir.
Emotionen bewegen uns,
manchmal ist es, als ob die Tür sich öffne,
du hereinkommst, bei uns weilst,
aber du bist fortgegangen, ins Licht,
hast alles Schwere zurückgelassen, das gibt Trost,
und dennoch, du fehlst uns, bis ans Ende unserer Tage.

Ich träume…
Vater, plötzlich neben mir wie früher,
Stärke und Geborgenheit ausstrahlend,
Halt und Vertrauen aussendend,
verhaltenes Lob, verschmitztes Schmunzeln, Zunicken.
Es ist alles gut, jetzt ist alles gut.
Ich lehne meinen Kopf an seine Schulter.

Kristina Kaivo

Eingezwängt

Eng und finster sind die Gassen,
Riesenschatten nicht zu fassen,
an Fassaden wie Vögel kleben.
Wie soll da ein Mensch noch leben?

Armut, Einsamkeit ist groß,
nichts fällt Menschen in den Schoß.
Nichts hilft alles Rackern, Streben.
Wie soll da ein Mensch noch leben?

Angstvoll die Gesichter schauen,
aschegrau, bleich wie der Tod, ein Grauen.
Diktaturen unterdrücken jedes Streben.
Wie soll da ein Mensch noch leben?

»Komm mit mir und fliege fort,
fort aus diesem dunklen Ort.
Schau die Häuser werden klein,
wir sind zu zweit und nicht allein,
lassen Geist und Seele schweben,
fern der Stadt lässt es sich leben.«

Kristina Kaivo

Anna Bacher Graf: Stadt mit Boote

Warum ich schreibe?

Worte, nichts als Worte. Wieviel doch jeden Tag gequatscht, gewitzelt, getadelt, gefragt, geschimpft und befohlen wird, oft sinnloses Zeug in den Raum geworfen, prahlerisch, anstrengend. Sprachfetzen fliegen uns um die Ohren, Slogans lullen uns ein, laut und lauter werdend.

Am Abend schalte ich ab, genieße die Ruhe, schöne Musik, Rhythmus, Melodie, summe mit, lehne mich in meinem Ohrensessel zurück, entspanne, lausche in mich hinein, Gedanken kommen und gehen. Bilder nehmen Gestalt an, alte und neue.

Ich greife zu Block und Stift, male Buchstaben aufs Blatt, große, kleine, forme Wörter, Wortfetzen, notiere ‚was in mir hochkommt, Erinnerungen, Gefühle, Wünsche, Stimmungen. Ich vergesse die Zeit, hab ich sie angehalten? Vielleicht. Ich versinke in einer anderen Welt. Mir geht es gut. Das Blatt füllt sich. Schließlich gehe ich zu Bett.

Am Morgen tauche ich wieder ein in den Trubel, in das Geplapper, das Rufen, Tratschen, Gekreische, Töne laut und leise, bis zum Abend.

Kristina Kaivo

Danke!

Das letzte Kapitel dieses Buches ist mit Dank gefüllt. Wir Autor-innen dieses an Texten bunt gemischten Buches:« Seiltanz der Worte«, haben mit und bei Brigitte Comploj von der Schreibwerkstatt Bruneck, Vieles lernen dürfen. Wir haben erfahren, dass das Spiel mit Worten unglaublich spannend und aufregend sein kann. Danke Brigitte! Du siehst: Die Arbeit hat nun Früchte getragen. Unsere Freude darüber ist groß. Etwas, auf das wir lange gewartet haben, mit dem wir lange schwanger gingen, ist nun geboren. Dazu benötigten wir allerdings Helfer und Fürsprecher, die dies ermöglichten und unterstützten.

- Es war Armin Plankensteiner vom Kulturverein Bruneck, der den Anstoß gegeben, den Funken gezündet und das Feuer entfacht hat. Er hat uns ermutigt, unseren »Seiltanz der Worte« zu veröffentlichen. Er hat dann die notwendigen Schritte dazu unternommen. Ihm gilt im Besonderen unsere Wertschätzung und unser Dank.
- Die Stadtgemeinde Bruneck hat unser Projekt finanziell unterstützt. Ihr gilt ebenso unser aufrichtige Dank. Wir wissen dieses Entgegenkommen sehr zu schätzen.
- Dank gebührt auch Brigitte Comploj und Anna Bacher Graf für das Lektorat. Letztere hat auch bereitwillig die Bilder für das Buch zur Verfügung gestellt.
- Die Covergestaltung übernahm Philipp Putzer www.farbfabrik.it Vielen Dank!

So ergab ein Schritt den anderen. Unser Herz ist mit Freude und Dankbarkeit erfüllt. Wir haben als Team die Möglichkeit erhalten, zu erfahren, dass gemeinsam Vieles gelingt und dass gegenseitige Unterstützung trägt und stärkt.

Brigitte Comploj
Anna Bacher Graf
Greta Brunner
Renate Gärtner
Kristina Kaivo
Clara Berger
Paul Thurner